本性相見歡

01

簡約人生 禪韻無窮

禪和尚 本性 著

目錄

我的僧涯，該留下點什麼？〈代序〉

《佛說四十二章經》的第一章有語：「辭親出家，識心達本，解無為法，名曰沙門。」

明朝憨山大師在《夢遊集》中，引用了該語，直指做為出家沙門，離欲為第一行。認為，如心醉五欲，便無法出離。那樣，便是外欺其人，內欺其心。這教示很震撼我。

比丘本性，一九六五年出生，一九八五年剃度。由於根機淺薄，悲智難運，福德難俱，一直在學修的路上，進退失據。由於常駐過一些叢林、院校，有些同參與同學，知道他們學修日進，左右逢源，我是相當的羡慕，同時，也非常的汗顏。為此，我每天於晨起立願，發下當天與未來之誓，自我加持，祈諸佛菩薩加被；更於入睡前省思，反省、自省、慚愧、懺悔當天與過往的過錯。

本人恩師明暘長老，生前對本人有兩大期許，一是期望本人做個悲天憫人的僧人，二是期望本人做個解行並進的僧人。一直以來，比丘本性以此做為僧涯座右銘。

諸法因緣生，諸法因緣滅，我師大沙門，常作如是說。本性自知，於大千世界，萬象人間，自己只是一隻螞蟻，或一隻蜜蜂，或一隻飛蛾。緣木過河，向花而去，甚至赴火。生命瞬息，而且渺小。只是，我也很欣慰，乃至很知足。畢竟，如蟻，努力著，冒險著；如蜂，追求著，夢想著；如蛾，奉獻著，犧牲著。

佛陀說，如是因生如是果。無論聖賢還是愚夫，走過就有足迹，做過就有痕迹。平凡如我，我的僧涯該留下點什麼？我是一個僧人，我是一介書生，依著我的本業，我的本份，我想著，我或許還可以留下一些文字，記錄這個時代的僧人，記敘這個時代的自己。

比如，我自己，我的出家，我為沙門，我為了什麼？想做些什麼？自己總結一下，就是：倡導心靈非暴力；致力以佛心導正人心，回歸信仰，以佛道輔正世道，重建道德；弘揚慈悲、智慧、忍讓、包容、自省、懺悔、中道、圓融、和合、共生；專注心靈修證、心靈文化、心靈教育、心靈慈善；宗於中華禪；踐行南北傳佛教交融，東西方文明對話；促進重返佛教軸心時代，再現佛陀榮耀時光；推動全球倫理構建；實現苦難的拯救，煩惱的解脫。

為此，剃度以來，教務之餘，延續出家前的愛好與習慣，喜歡讀些書與寫些文章。雖然，這些拙作的思想與水平，連我自己都不敢恭維。可是，因緣所在，性情所致，所以，也就有慚有愧，卻無怨無悔，陸陸續續，將之輯錄於此，做為本人感恩、敬畏、自省、結緣之人生的一個部分，不求與舍利同輝，不惜與書本同塵。

比丘本性

序於福州芝山開元寺靈山堂

輯壹

十年磨一劍

01

可以敗給他人，但要戰勝自己

我以為，恨是毒汁，不僅毒人，更會毒己。

因為恨，少年時，也曾有過將人果樹砍光的一閃惡念。只因，肇事者曾將我家的桃樹果子偷光。

佛教說：一念恨心起，百萬障門開；一念嗔心起，火燒功德林。

的確如此，仇恨，除了殺人，更是自殺。憤怒，除了死人，就是死己。為什麼？因為，仇恨無異於含毒於心，憤怒就如纏身惡疾。

日前，我遇一虔誠信徒，平時，見他文質彬彬，不想，那天之見，他如獅狼虎豹，狂風暴雨，說起他遭遇的某事，青筋暴面，暴跳如雷，全然不計較不在乎或不知道不感覺自己的失態。儘管事後，他也非常後悔，說很不好意思，真不該如此。

有佛教名論叫《成唯識》的說：云何為恨？由忿為先，懷惡不捨，結怨為性。

而於佛教的《順正理論》中，有段話：「如樺皮火，其相猛利，而餘勢弱，說名為忿。如冬室熱，其相輕微，而餘勢強，說名為恨。」可見，恨雖不如怒烈，但它的餘勢，卻很強勁，歷久不消不息。

佛教有四正勤法，謂：「已生惡法令斷；未生惡法令不生；未生善法令生；已生善法令增長。」恨即惡法，如何對待，不言自明之。

說來容易做來難，八歲小童說得，八十老翁行不得。否則，佛教亦無需強調「知行合一」、「解行並重」，更無需有大行普賢菩薩之應世。因為，這世界，不是桃花源，也不是香格里拉；這人生，也不都是鮮花，而是時有荊棘藏匿其中。生活，也不都是詩，往往的，遍是劍與戟！許多時候，我們滿腔熱情地良善付出，卻收穫了陰謀、背叛、傷害、欺騙等等，果實苦澀。於是，我們開始幽怨自己，不斷懷疑自己，無法平衡自己，難以說服自己，也就不能戰勝自己。廝殺由此展開，決戰由此驟起！無論是人與人、城與城、國與國，其例，數不勝數啊！

剃度出家以後，我也曾時常問過自己，少年時，我為什麼那樣懷恨？就因為幾樹的水果？恨的本質又是什麼？恨，是否有它的實體？聖人的答案果決：恨，就是空性，只是一個概念而已。

是啊，恨無本體，與其去恨他人，不如去恨自己。想想我們，是否，過於抬愛自己，過於保護自己，過於肯定自己，過於相信自己；我們，總是以自己為先，以自己為主，以自己為實，以自己為真，以自己為尊，以自己為我。從而，容不得他人的勸告；容不得他人的比較；容不得他人的替代；容不得他人的攻擊；容不得他人的挑戰；當然，也就容不得他人的迫害與侮辱。

我是一個業障深重的人，成了比丘之後，也未能倖免。

佛教說，恨要慈息，怒要悲止。為此，我特別崇仰觀音大士。有時，我會無知地想像，如果，觀音大士突然遭遇一百個仇人、一百個敵人、一百個冤家、一百段孽緣，那麼，他會怎樣？又如果，是我遭遇上了，我又會怎樣！

我似明白答案，似又沒有明瞭答案！但無論如何，之於我，如果那樣，我知道，我需跪於佛陀的座前，慚我的愧，懺我的悔，或者，

捨我的肉身，得我的法身，讓恨刀恨槍不入，讓恨水潑之不濕，讓恨火燒之不焦，讓恨風吹之不進，鍛造仁與愛的銅牆鐵壁，堅定堅決，堅韌堅守，打一場對抗仇恨的聖戰。

可以敗給他人，但要戰勝自己。

最後，講一個相見一笑泯恩仇的佛門故事：

有少年為報殺父之仇，長成青年後一直在追尋仇人，終於於一寺院找到。殺父仇人現已是一位老僧，因為，他失手使少年之父喪命後，一直內疚，便出家，以懺其悔。如是因生如是果，因果是不昧的，這不，報應來了。老僧見到青年，坦然面對，但他有一要求，希望留他性命一年，以便他掃尾完成他正主持在建的一個工程。原因是，寺院在高山，來寺必經一條懸崖絕壁的小小險道，緣於險道太險，每年都有人掉下殞命，老僧發誓要將小道改大道，工程現在已進入尾聲。青年想想，這要求可以理解，也是善事，便同意了，他又想，反正你也跑不了，跑了和尚跑不了廟。

每天，青年監督著老僧幹活，老僧起早貪黑，沒日沒夜，百衲衣衫，蔬菜清湯，真是毫不利己，專門利人，他開始對老僧有點好感了。加上，一直監督老僧，自己也閑得無聊，有時，也幫忙幹點活，久而久之，與老僧打成了一片，便互相生起說不清道不明的情誼了。

時光流轉，一年到了，路也修好了。有天，老僧沐浴更衣，端坐路中，沉靜淡然地對報仇青年說：「您可以動手了。」這時，青年已不忍心下手了，他身上的佩劍，拔都沒有拔出來。老僧又說：「您不動手，我自己走啦。」說完不一會兒，老僧就入定往生而去了。青年見老僧涅槃，很是留戀，於老僧遺體前跪拜痛哭，也真是，天下事，了猶未了，未了猶了，本為一雪殺父恨，不想，卻一笑泯恩仇。

02

不辯與不諍

百丈懷海是福州籍的著名高僧，長樂龍泉寺為其剃度出家祖庭。他創制了中國化的佛教戒律，史稱「百丈立清規」。其中，叢林規則的二十條，常為現代人引用，如：煩惱以忍辱為菩提，是非以不辯為解脫，遇險以不亂為定力，濟物以慈悲為根本！

是非以不辯為解脫。不辯，此為佛門大智慧也。

為何不辯？因為真理或事實從來不會因為辯或不辯而改變，《心經》說，不垢不淨，不增不減，是也。因此，一動不如一靜，辯不如不辯。美國萬佛城的宣化法師曾說：「是非何須辯，真偽久自明！」據說，英國溫莎王朝的非官方座右銘則是：「永不抱怨，永不解釋！」（Never Complain, Never Explain）就是此理。

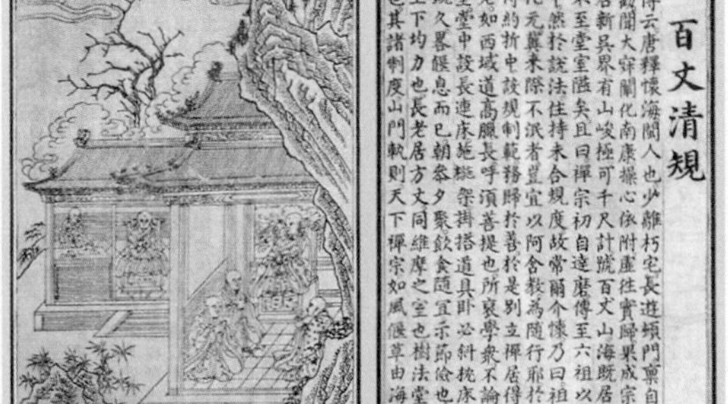

《道德經》也說：「善者不辯，辯者不善。」為此，可以說，遭遇冤枉或謠言時，不辯就是最好的應辯。這也是百丈懷海禪師教示我們遭遇是非時以不辯為解脫的原因。

不辯是應對是非的方法，也是境界。能有不辯境界的人，我相信，就能做到不諍。諍也同爭。《淮南子・道應》說：「爭者，人之所本也。」《晏子春秋・內雜篇下》說：「凡有血氣者，皆有爭心。」這些說法我不敢苟同。佛家說，人性本佛性，儒家說，人之初性本善，因此，人的最初，本來是無諍的。諍只是後天貪嗔癡出現後的產物。既然諍非先天，便是可以去除的。君子們或修行者們皆在努力著不諍。對此，古來就有許多忠言，例如，《大智度論》：「譬如有目人，見群盲，諍種種色相，愍而笑之，不與共諍。」《論語・衛靈公》：「君子矜而不爭，群而不黨。」《道德經》：「聖人之道，為而不爭。」

不諍，在佛門是大慈悲呀。

為何不諍？因為諍本身就是貪嗔癡的產物，是貪嗔癡等的綜合體。同時，諍之始，便是貪之始、嗔之始、癡之始。諍之開，百萬障門因此開，百萬魔業因此造，百萬惡果因此生。《中阿含經》曾語重心長地忠告：「梵志，若天及人共諍者，必無利義！若天及人不諍者，必有利義。」

所以，修行不辯者，必是不諍的修持者，反之亦同。無論身居高位、富可敵國，或身在鄉野、身無分文，皆應不辯、不諍。不辯、不諍不等於懦弱、無能，不是因為人微才不辯不諍，而是因為大慈悲與大智慧呀。

史上有許多感人的不辯與不諍的典故，比如：三國曹操的曾祖父曹節，鄰居的豬跑了，他找到曹節家，看到曹家有豬長得很像他家的，就說這是他家跑掉的豬，曹節不辯不諍，笑著說：「那你牽去吧！」之後，那豬老從鄰居處跑回

曹家，鄰居也慢慢發現，該豬確非己家的，便不好意思地主動送回曹家，曹節還是笑笑說：「那我收下了。」

上段時間，有人在網路上發了一條小段子，說「星雲大法師的徒弟——福州開元寺住持」做微整容了，還配了張其他法師在病床上的照片。徒弟們與信徒們見後很生氣，紛紛要求「師父」發聲明作澄清：既非星雲法師弟子，亦未做整容。看著弟子與信眾的認真樣，我笑了起來。為何還笑了？因為，我想到了佛教關於不辯與不諍的教示，以及大德先賢的做法。可見，真理與榜樣的力量是很大的，像比丘本性這樣修學淺薄的人，也可從之得到啟示並從中受益，何況大家？退一步說，星雲法師弘法利生一輩子，如雷貫耳，為我敬重，說我是他老人家高足，是高抬我了，而且，即便哪位僧人，出於某些原因，去做微整容了，亦是因緣使然，亦不應大驚小怪呀！佛教說，天下事，了猶未了，何不不了了之。「住持整容門」，今天，不是不了了之了嗎！今日，誰還記得，誰還在乎這些雜事，那只是當時一些人無聊，找些茶餘飯後的談資而已，何況，如能博之當時一笑，亦算吾之一時之價值了。

總之，舉一反三，凡事皆應淡然，而面對是非，亦應依之佛門的大慈悲與大智慧，本著不垢、不淨、不增、不減的法理，不辯不諍，一笑了之。

03 簡約人生

禪是一朵花，
我是禪花一朵。
花很感性，
禪花簡約。

逃離複雜，我奔向簡單的人生。生命馳速，人生苦短。生命脆弱，無法負重太多。人生易逝，不可無端浪費！

禪門話頭，為什麼多這麼問？「誰在念佛」，「坐禪者誰」，「父

母未生前是何本來面目」。而且，有問無答！這啟示我們，生命雖然複雜，但人生需要簡單。

再看下禪門公案，其透露的是何天機？學僧問洞山守初（宗慧）禪師：「如何是佛？」守初：「麻三斤！」學僧問趙州從諗禪師：「如何是佛祖西來意？」從諗：「庭前柏樹子！」這啟示我們，問題是高妙的，但解決的方法很單純。

現代人類追逐名利財色，以之高低多少作為成功與否標準，崇加法，鄙減法！名利財色，穿穿梭梭，其忙忙碌碌，鬼鬼祟祟，慌慌張張，戰戰兢兢，惹人心疼，令人心酸，讓人心寒！如此之下，安能簡易？只能繁雜！

繁雜，是忙碌與負累的代名詞；簡易，是悠閒與輕鬆的同義詞。

日出東方，東方文明猶如太陽。東方智慧告訴我們：要寧拙勿巧；要素心；要無我；要隨緣；要知足常樂。但是，簡單不等於無趣、無用、無聊、無意義。看看我們佛教修持的法門，什麼最流行？坐禪、念佛、持咒也。「嗡嘛呢叭咪吽」一句，萬事大吉；阿彌陀佛一句，萬事大吉；雙盤一坐，眼觀鼻，鼻觀心，萬事大吉。我們臨書法，我們臨畫，我們練拳，重複著千遍萬遍，重複著重複著，就從量變到質變！萬法歸一，一歸何處？一歸零呀，零歸空呀，空才是源頭，才是初始，才是本元。可見，空最大呀，空中可以生有，空中才可容有，空中才可容多，空中才可容大。

在斯里蘭卡讀書時，四年間，我沒有手機，沒有電話，與國內的溝通，一封信經常來往幾十天，但我感覺，那是我最快樂、最安全、最有學習效率的修學日子。

有個報導說，浪子回頭的烏拉圭總統荷西・穆希卡（José Mujica）先生卸任時，只有一千八百美元財產。他說：「人們叫我最窮的總統，但我不覺得自己窮，窮的是那些只想過奢華生活，永不知足的人。」又說：「欲望越多，你就越無法滿足，只要東西夠用就夠了，不用花心思去維持物質生活，這樣才能獲得更大自由。」為此，他於總統在職與卸職期間，個人生活上相伴的總是一舊屋，一老伴，一破車，一條只有三條腿的小狗。

總之，我癡迷簡約，厭煩繁瑣。末了，我要說：對不起，複雜，永別了；您好，簡單，不見不散！

烏拉圭總統穆希卡

04

求人難，被求更難

在菩薩的造型中，千手千眼觀音最有特色。千手千眼，是觀音菩薩大慈大悲的象徵。世間有多少苦難，觀音菩薩就用上多少眼多少手，手眼並用。

因為觀音菩薩的慈悲，祈求的人就多了。不僅如此，菩薩還深具威力，所以特別感應。有謂：千江有水千江月，萬里無雲萬里天；千處祈求千處應，苦海常作渡人舟。

因觀音菩薩的特質，求者雲集，接續連綿！每天被求，菩薩煩嗎？有人三根香一點，供五個水果，就求菩薩保他娶得美女，生個胖兒，考入名牌大學，有好工作、發大財、當大官，甚至惡業全消，罪不受罰！雖如此，我相信，菩薩不煩，不僅不煩，還很高興與欣慰，因為，無論如何，這些求者，來這與菩薩結緣了，結法緣了！廣結善緣，是菩薩修行與度生的大法門之一啊！

有時候，在寺院，從早到晚，領導會見，信徒求見，法師探討，朋友閒聊，走馬燈似地來訪，這時，我們會想，我們該不該過這種每天不停與人打交道的修行方式。不少老和尚告誡我們說，不要太攀緣，不要天天像外交部長似的，要多獨處，靜處一室，好好坐禪念佛，像個修行人。老和尚說得我們好慚愧，我們該反思反省。但反之一想，那觀音菩薩呢？在

千手千眼觀音像-宋人繪（台北故宮）

浙江普陀山，每天千千萬萬人，她要如何辦呢？她會不會因為接眾太多而累了煩了，從而去哪躲幾天，休息幾天，或不耐煩地罵人呢？當然，確定的，菩薩不會。

從佛法角度上看，被人求，本是福報，亦是積福的方法，有人求我們，我們才有更直接佈施、奉獻的機會。不要認為，車水馬龍，門庭若市，都是來錦上添花、添諸讚美的，其實，還有求你雪中送炭的。如果哪天，我們到了無人求，成了廢人，甚至諸緣違逆，還要時時處處、天天月月地求人的時候，那才苦呢！

為此，弟子們呀，不要不耐煩，不要嫌打擾你的人多，不要嫌人們什麼都來求你幫助，也不要嫌人給你很多的工作量，更不要嫌人求你讀書、修行、走正道乃至求解脫。學佛，就要學佛菩薩待人接物的智慧與態度：慈祥、悲憫、和藹、懇切、理解、歡喜，千萬不要滿臉像那已經被點火的鞭炮。當有人來求你的時候，你就有了向上的助緣，這是你前世修行來的，此世結緣來的，亦將感召到你的來生。

當然，說易做難，求人難，被求更難，正因如此，我們需要去挑戰，需要去踐行呀！誰讓我們是個信奉「信願行」「信解行證」「解行合一」的「行動派」佛教徒呢！

05

苦難的拯救，煩惱的解脫

感恩佛法僧三寶。

六五年出生，八五年剃度，曲指未及一算，人生已逾五十載，為僧已過三十年。

自省為人與事佛歲月，惟有慚愧，應予懺悔。

回首往事，歷歷在目，願景未來，清晰可望。

傳法恩師明公法師，曾有深深教示，愚徒本性，時不敢忘。他老人家說：不問佛陀能為我們靈驗什麼！要問我們能為佛陀驗證什麼！又說：你要當一個悲天憫人的心靈導師與靈性的引者。

「以佛心為己心，以師志為己志」。為此——

我們宣導：**心靈非暴力**。

心者，心靈；靈者，靈性。心理、心靈皆無暴力；

明暘長老

靈魂、靈性亦無暴力。心靈是根源，是因；心靈非暴力，才能非暴力，非暴力是果。

我們致力：**以佛心導正人心，回歸信仰；以佛道輔正世道，重建道德。**

信仰與道德是社會秩序的經緯，信仰純正靈魂靈性，道德淨化心理心靈。沒有純正的信仰，靈魂無處安頓；沒有淨化的道德，心靈無法安定。心靈不安，社會倫理與秩序無法形成，更無人遵守。

我們弘揚**慈悲、智慧、忍讓、包容、自省、懺悔、中道、圓融、和合、共生。**

我認為，這是佛教核心理念，亦為普世價值。尤其，我們強調自省、懺悔，這在許多集體與個體中，已不被提及或重視了。但自省與懺悔事關人類的反省與救贖，自新與再生。人類，皆有佛性，皆當成佛，是有共性的，是有共同普世價值的。

我們推動：**全球倫理構建。**

因為，全球化已經不可阻擋，人流、物流、資訊流、資金流等等的相互交融，已使世界成為地球村。全球生命，已是名副其實的命運共同體。

曾經，由於區域以及山水的阻隔，形成了種族、宗教以及多種的文明，其個性的彰顯，遂成相互之間的衝突，於是，矛盾就不可避免。

雖然二戰後產生了聯合國，形成了形式上的世界新秩序，但是，效果還是有限的，因為，戰爭從未停息過。其《聯合國憲章》，雖有全球倫理的雛形，但因為受到國家集團、政治集團的強大影響，因此，未能完整表達與反映出人性美好嚮往的客觀事實，只是一個權宜性的全球倫理初級構架。聯合國也只是一個權宜性的全球協調機構而已。因此，各國各民族，自己想幹什麼，還幹什麼；自己該幹什麼，還幹什麼！

為此，在全球化的時空中，要找到各國之間、各文明之間的新共性，也就是新的共同點，突出其共性，減少其分歧，形成世界新共識，達成世界新契約、構建世界新倫理、創造世界新文明。這全球倫理，或許可以成為世界新秩序的思想新源泉和理念新支撐。如果那樣，那將是佛教文明對世界的新貢獻。

我們專注：**心靈文化**、**心靈教育**、**心靈慈善**、**心靈修證**。這文化是心靈文化；教育是心靈教育；慈善是心靈慈善；修證是心靈修證。我們希望既解決入世的困境，也解決出世的危機。

我們宗於：**中華禪**。

中華禪，是以漢語系佛教禪法為主體；以巴利語系佛教禪法為基礎；以藏語系佛教禪法

第二屆南北傳佛教國際學術論壇

為輔助；以英語系佛教新興禪法為補充的禪法。身心靈禪修，為其法要；禪淨等持，為其綱領；念佛禪，為其核心；楞嚴大定，為其旨歸；明心見性，了生脫死，超凡入聖，成佛作祖，自覺覺他，自利利他，為其終極。心靈非暴力的實踐與實現，是要方法與手段的，其措施就是中華禪的學修。中華禪是東方文明的精髓，但又不獨屬於東方文明。其屬於東方文明，屬於全世界，屬於全人類。因為，其為全人類的共性，是全人類的心性，是人類心靈的本質彰顯。中華禪是禪的完整呈現。禪，就是宇宙的規律，是普世的價值。

我們踐行：**南北傳佛教交融，東西方文明對話。**

籠統地說，巴利語系佛教為南傳佛教，而漢語系與藏語系佛教是北傳佛教。前者為原始的佛教，後者為發展的佛教。發展的佛教，其特色是傳承與創新。原始的佛教，其特色是傳承與堅守。如果說，佛教為樹幹，那麼南北傳佛教為其枝也。無論南傳與北傳，皆因時空原因，已非佛陀當年之原原本本之佛教了。但無論如何，卻都是佛教之正傳承，傳承著佛陀之正精神。在度化新時空的眾生時，一定是各有優劣。為此，要交流，要融合，也就是要交融。取長補短，共同提升，共同傳承，共同發展，共同促

進佛教的進一步國際化，乃至全球化。

由於地域、山水、種族、歷史等各異的原因，東西方文明各不相同，各具特色。東方的含蓄、內斂、柔和、恬靜、穩健；而西方的則開放、張揚、剛硬、激情、冒險。人類文明並非憑空而生，而是因緣產物，因緣不同，文明不同，各有優勢，各有不足。因此，全球化背景下，文明的淘汰、互鑒、整合、重生就很重要，這事關人類的戰與和、死與生、滅與存。畢竟，文明導向社會道路，文明鑄就人類心靈。為此，人類代表性的東方文明與西方文明，要交流，要合作，要互相理解，要互相尊重。而對話，是實現這些的最好通徑。

我們為了：**重返佛教軸心時代，再現佛陀榮耀時光**。

我是一個佛教徒，致力世界的和平，地球的存續，是我的事業與義務；而佛教的正法久住，繁榮昌盛，則是我的責任與家務。想當年，佛教軸心時代，風吹草偃，佛教之風，吹遍城市與鄉村，佛教之光，照破每個黑暗的角落。那是佛陀多麼榮光的時代呀！法螺聲聞於環宇，法雨普沾於天下。作為佛教界一員，我多麼盼望那個軸心時代重返，那種榮耀時光再現，僧團尊嚴，信眾歡欣。

我們的依歸：**苦難的拯救，煩惱的解脫**。

也就是，我們的辨教理念，最終的目的是什麼？不是為了辨教而辨教，而是為了拯救眾生的苦難，解脫眾生的煩惱。

在這娑婆世界，無量眾生處於生老病死的苦難之中，煩惱的無量無盡，作為宗教，就是要給眾生解脫的道路與希望。中華禪，正是此道路，正是此希望！

在福州，有個賢者，他叫嚴復。他很推崇如下句子：「有王者興，必來取法，雖聖人起，不易吾言。」我很敬佩他，亦以之為人生典範之一。

佛教四弘誓願說：眾生無邊誓願度，煩惱無盡誓願斷，法門無量誓願學，佛道無上誓願成。謹以此為本文之結句。

嚴復

06

佛陀是如何洞察到宇宙真相的？

佛教認為，於時間上，宇宙無始無終；於空間上，宇宙無窮無盡！時空的長短大小之於生命亦是相對的。佛陀認為，眾生輪回，三世流轉。

佛陀時代尚無科學儀器，那麼，佛陀是如何洞察到宇宙這些真相的呢？

一、內修內證，內證外化

佛陀於菩提樹下證悟時說：「眾生皆有佛性，皆將成佛。」在此，說明了眾生潛在的殊勝潛力、內在力量！這個潛力只因眾生身心靈（即心性）的被污染而未顯現。佛陀通過艱苦的內修，

從而內證，從而使心性潛力得以爆發彰顯，明心見性，見性成佛，自覺覺他，覺行圓滿。內修內證、明心見性、覺行圓滿後的眾生，具足了洞察宇宙的超常力量，此力量外化為般若智慧與各式神通，從而宇宙在其心中或眼、耳、鼻、舌、身、意中，無論微觀無論宏觀，便了了分明，胸有成竹。

二、宇宙緣起，天地人合一

緣起是佛教核心教義，如法界緣起。緣起論認為，宇宙間萬事萬物，皆由因緣而起，而非由所謂的造物主。因緣，意謂著互為因緣，互相聯繫，意謂著互為共同體，互為同命運，也就是天地人合一。由於佛陀的內修內證，明心見性，覺行圓滿，佛陀就融通了天地人，打通了天地人之間的元素區隔，也就是無論從宏觀還是到微觀，佛陀都洞察到了天地人的一體、互動、共存與共生的規律、脈絡，成為緣起的主人。

三、超越時空，解脫輪回

聖者或覺者，如佛陀，通過內修內證，明心見性，覺行圓滿，具足了般若智慧，各式神通，融通天地人，做主緣起。由於具足這些殊勝功德，則時空之限，就可打破，輪回之苦，便可解脫，從有到空，空中生有，做到時空自由，生死自由。基於此，一花一世界，須彌納芥子；小可大，大可小；遠可近，近可遠；內可外，外可內；物質可轉精神，精神可轉物質；六道於一維，一維是六道；眾生是佛，佛是眾生；生死不二，不二生死。

總之，通過內修內證、內證外化，把握宇宙緣起、天地人合一規律，超越時空，解脫生死，從而見性見道、成祖成佛。這時，整個宇宙，大千世界，在超越者解脫者的六根中，或身心靈中，就是一張全透明的全息圖（Holography）。

佛教說，天上天下無如佛，十方世界亦無比，世間所有我盡見，一切無有如佛者，真是也！

07

以「有」做事，以「空」為人

近年，緬甸民地武裝與政府軍的和平問題，老是充斥媒體，這些民地武裝如撣邦、克欽邦等，其區域多與中國雲南接壤。為此，如撣邦民地武裝與政府軍在緬甸木姐衝突，一夜之間，緬甸難民蜂擁至中國，中國劃出廣場，添設帳篷，給予臨時安置。

近日，我往德宏，途經盈江、畹町、姐告。於姐告，可聽國門對面方向不時的槍炮聲，若非當地人告知，原以為是雷聲，或其他爆破建築聲。

槍炮聲中，夜幕降臨。此時，蝸居寓所，感到和平世界之可貴、安定生活之可貴、有機會工作與學習之可貴、生命活潑之可貴。

回程途中，於航班上，我想到，生命的珍惜、利用、發揮與提升，歸結之，即做事與做人的哲學。俯仰窗外，宇宙蒼茫，騰雲駕霧，不覺感慨於——宇宙之空，容天容地；宇宙之大，容山容水；宇宙之虛，容飛機容旅人。這宇宙的大虛空，包容下了大千世界，七彩繽紛。

同時，艙外的此情此景，亦令我想到二字：「空」與「有」。空不異色，色不異空，我想，做事與為人，亦同此理。

在做事上，我們應尊「有」。

要一馬當先，非我莫屬。要捨我其誰，當仁不讓。要以佛陀出生時的自信為榜樣，一手指天，一手指地，說：「天上天下，唯我獨尊。」要以地藏菩薩的願力為典範，他說：「地獄不空，誓不成佛，眾生度盡，方證菩提。」要如杜甫所說的那樣「會當凌絕頂，一覽眾山小」。這提示我們，在我們做事時，要高高山頂立，坦蕩做事，高調做事，多積陽德，多修福報！

在為人上，卻完全不同於做事，我們要尊「空」。因為，頭上三尺有神明，為善自有天知。天外有天，樓外有樓，人上有人。華山雖高，頂上有路。太平洋再深，終將見底！這提示我們，我們為人時，要深深海底行，謙卑做人，低調為人，多積陰德，多消業障！

高調做事、低調為人的例子很多，如范蠡輔佐臥薪嚐膽的越王勾踐復國成功後，即激流勇退，遠離朝堂，偕西施泛舟太湖去了。范蠡離開朝堂時，留下一紙條，上書：「飛鳥盡，良弓藏，狡兔死，走狗烹。」他對越王勾踐與時局的瞭解判斷，不可謂不深刻透徹也。由於范蠡的高調做事，建功立業，又低調為人，功成身隱，便成就一段美好的千載佳話。

而韓信，西漢開國功臣，他輔佐劉邦奪得天下，建立王朝，還曾受過胯下之辱。其功之於西漢不在范蠡之於越國之下，卻最終落個連同宗族亦被誅滅的下場。韓信臨死前，在范蠡的「飛鳥盡，良弓藏，狡兔死，走狗烹」後加了六個字：「敵國破，謀臣死。」這是他高調做事卻不知低調為人的結果呀！

范蠡西施遊湖圖

08

一日不作，一日不食

「一日不作，一日不食」源於百丈懷海禪師的大力宣導，其彰顯禪宗對勞動的態度，即不勞動者不得食。

勞動一詞，自古有之，如《莊子．讓王》說：「春耕種，形足以勞動。」《三國志．華佗傳》說：「人體欲得勞動，但不當使極爾。」勞動的內涵，包含了體力勞動與腦力勞動。人類自有史以來，勞動，不僅成就了人類自身的進化，也促進了社會的發展以及自然的改造。

禪宗是中國佛教的典型代表，其明顯特色就是：農禪並重，或農禪並舉，也可以稱農禪合一，為叢林本色。而農禪並重的核心要義即「一日不作，一日不食」。這不僅是戒律規範，亦是生活方式；不僅是思想理念，亦是道德高度；不僅是修證方法，亦是信仰境界；更是中華民族勤勞、節儉、純樸精神在禪門的生動體現。因為農禪並重，禪宗與中國文化更融通融

合了，更本土化中國化了。而這農禪並重的「農」字含義，即勞動之義。

趙樸初大德關於中國佛教有「一個思想，三個傳統」說，即「人間佛教思想」「農禪並重、學術研究與國際交流傳統」，這是中國佛教的歷史進程與未來方向。其中，農禪並重是人間佛教的最根本體現。今天，我們堅持與引導宗教傳承與發展的中國化方向，其中，堅持與引導走人間佛教之路則是關鍵。可見，農禪並重思想及其實踐在昨天、今天與明天的中國佛教傳承與發展中是扮演著多麼重要的角色。

佛教講無常，自身命運也一樣，歷代有興衰。歷史上也曾遭遇「法難」，遭受壓制

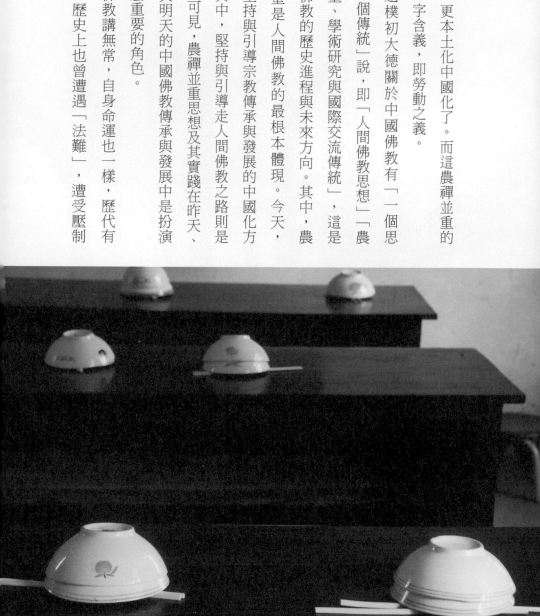

與摧殘。但有意思的是，歷代滅佛，禪宗所受影響相對較小較少，這就因於農禪並重這傳承與發展大旗之佑。因為農禪並重，禪門自力更生、艱苦奮鬥、自給自足、豐衣足食，減少了對社會的依賴，減輕了對社會的負擔，更是促進了社會的經濟發展、物資豐富，宗教消費之餘，節省下來的，還可以慈善佈施方式改善地方百姓生活。還因身體力行，深刻體會、了知「粒米大如山」的來之不易，從而更加宣導實踐惜福理念。

有人以為，農禪並重只是禪宗為了適應社會而作出的妥協舉措，與宗教修行無關。其實，這是誤解。農禪並重既是佛教傳承與發展方略，也是修證方法與信仰境界。

禪門寺院在弘揚與實踐農禪並重思想中，有項叢林制度，即「普請」，這普請也叫出坡。普請即普請大眾，上下合力，共同勞動。因為普請制度，所以，禪宗叢林往往是叢林農莊化，禪修勞作一體化，這打通了禪修與勞作的隔牆，勞作即禪修，「搬柴送水無非佛事」「舂米做飯正好參求」「墾土誅茅運薪汲水，皆是道田也」，巧把塵勞作佛事。也就是，打通農禪即打通農作與禪修，即打通身心，使農禪並舉成為身心兼修。因為身心兼修，所以福德具足，所以天人合一，所以內外和諧。許多禪師因為農禪並舉，從而明心見性。如：布袋和尚因為插秧而悟，作偈曰：「手把青秧插滿田，低頭便見水中天，心地清淨方為道，退步原來是向前。」香嚴智閑禪師因為聽到除地時瓦礫擊竹的響聲，從而開悟，他作偈說：「一擊忘所知，更不假修持，動容揚古路，不墮悄然機，處處無蹤跡，聲色外威儀，諸方達道者，咸言上上機。」該偈境界為溈山靈祐與仰山慧寂所驗證印可。

歷代禪僧在農禪並重上，不僅這麼說了，也這麼做了。如：東晉道安齎經入田，因息就覽。唐代普願禪師於池陽南泉山建庵，開墾荒山，闢為良田，達三十年之久。元皇慶二年，普光禪師圍海建堤，填地造田，一千餘畝，名廣利莊，年收入千斛之多。宋代維溪禪師於福州長樂縣以九年時間截流十二條小溪，築堤八百〇一丈，灌溉農田四十頃。不僅中國禪僧如此，外來禪僧也一樣，如：南朝迦濕彌羅國沙門

《香嚴擊竹圖》（局部）狩野元信16世紀

曇摩蜜多，譯經之餘，植柰千株，開園百畝。翻開中國佛教高僧傳記，我們常可見：黃檗開田、溈山摘茶、石霜篩米、雲巖作鞋、臨濟栽松、仰山牧牛、雪峰蒸飯、雲門擔米、玄沙砍柴等典故。

空談誤國，實幹興邦。

農禪並舉之路，中國佛教走了二千多年，被歷史驗證，是符合中國教情、符合中國國情的。

禪宗走上農禪並重之路後，「天下禪宗，如風偃草」，有人說，天下名山僧占多，我說，天下名山僧建多。因為農禪並重，所以自力更生，艱苦奮鬥，建寺安僧，弘法利生了。今天，時空變化了，但世界、人類、社會、自然、佛教的根本性質沒有變化，農禪並重，還是佛教健康傳承與發展的大方向。雖然，這農字這禪字的內容形式更寬泛、更廣義、更豐富、更多元了。

古語說：「天下興亡，匹夫有責。」佛教興衰，佛子有責。國盛教興，為莊嚴此國土、利樂眾有情，在舉世共度五一勞動節之際，謹作此文，以為慶祝。

09

聽星雲法師講高僧故事

存好心，說好話，做好事。

給人信心，給人歡喜，給人希望，給人方便。

一直以來，出生江蘇的星雲法師致力於推動公民做「三好」「四給」之人，其效果之巨，令人欣歎。據知，因仰止法師而皈依佛教俗眾已達三百多萬、僧眾千餘人。佛光普照三千界，法水長流五大洲。

冥冥之中，比丘本性，與法師有緣。

本人剃度出家於江蘇常熟興福寺，剃度恩師悉明法師，為興福寺法師，與優曇法師、真禪法師為同參同學，與星雲法師、真禪法師等同為蘇北老鄉。優曇法師出家於本人住持的泰寧慶雲寺，慶雲寺更是肉身菩薩慈航法師的剃度出家祖庭。星雲法師赴台灣時，曾追隨慈航法師，隨侍學修，甚至一同被投入監獄，幸得救援，方才脫險。本人於興福寺出家後，進入

南京棲霞寺（Photo by Bt4wangl CC BY-SA 3.0）

慈航菩薩法像

南京棲霞山佛學院學習兩年，這六朝古剎，正是當年星雲法師剃度並學修六七年的地方。當年教授過法師的圓湛法師、戒如法師，改革開放後，又被禮請到南京棲霞山佛學院，也教過我。在南京學習期間，亦曾聆聽來院普照的星雲法師之開示，第一次知道，弘法時，還可以唱歌。當時，法師開示前，隨從僧眾引領大家唱佛曲。南京畢業後，我到北京中國佛學院學習，之後，留學斯里蘭卡凱拉尼亞大學研究生院。在一些國際場所，也有幸聆聽到法師的開示。回到中國後，服務於福建省佛協。地緣原因，閩台佛教交流頗多，加上兩岸的交往活動，從此，常可見到法師，如護送西安法門寺佛指舍利赴台供奉，參加世界佛教論壇，率團走訪台灣，乃至二〇一四年首屆兩岸中青年佛教人士聯誼交流會。

二〇一四年十一月三十日至十二月一日，應中國佛教協會之邀，有幸赴江蘇——我剃度出家的省份，參加首屆兩岸中青年佛教人士聯誼交流會，聆聽國家宗教局王作安局長的諄諄教誨與佛光山開山星雲法師的三場懇切開示。

星雲法師的開示，懇談兩岸佛教中青年的交往，懇談佛教的傳承。談到這交往時，法師悲心懇切地囑咐兩岸中生代法師，互相之間要多來多往，達成共識，團結一致，凝聚力量，為教為國，他認為這至關重要，其他皆是水到渠成，或是枝末。此話真是一語驚醒夢中人啊。在談到傳承時，法師講了多位高僧的故事，而這些故事，都是他年輕時親近他們時親歷的，讓人倍感親切，以小見大，甚是感人。代代相教、代代相範、代代相傳，這就是最好的傳承。星雲法師所講的高僧故事，富含啟迪，這裡，我選擇其中幾個，與大家分享：

有次，星雲法師請教印順法師，請教如何看大藏經，印順法師回答說：亂看。法師說：法師的回答看似荒唐，實則大有道理，這教會了他如何看大藏經。

又有一次，法師路遇太虛法師，太虛法師看看星雲法師，便對他說：好好用功。法師聽到太虛法師對他的鼓勵，好激動，心想，太虛法師都鼓勵他了，他更應好好用功。

因追隨過慈航法師，得其教誨，當談及慈航法師時，星雲法師說：慈航老人，令我等懷

善財童子五十三參-明成化十九年（1483年），山西崇善寺

念，他是個熱心腸的人。有次，慈老對他們說：你要給人領導，給人領導，才能學會領導人，不能給人領導，也不會領導人。因此，法師說，他因此學會謙虛、禮貌、客氣，甘被領導。記得，星雲法師曾接受大陸學者王志遠先生的專訪，談到慈航法師時，法師認為，太虛法師提出的是「人生佛教」概念，慈航法師宣導的概念則是「人間佛教」，慈航法師為了宣導「人間佛教」，還特創辦「人間佛教」期刊社，出版《人間佛教》刊物。慈航法師還提出「人間佛教」的主要內容為「文化、教育、慈善」，認為此乃佛教的三大救命圈。該專訪被刊在《宗風》上。此次，星雲法師為我們談「交往」「傳承」，其中一場的開場白則是：六十五年前，慈航法師每在上課前，先教人唱歌，我們今天，也先請慈容法師帶我們唱首歌吧。於是，慈容法師領唱星雲法師《十修歌》。由這些，可見星雲法師對慈航法師的情感與尊敬！

星雲法師說，善財童子有五十三參，我們出家人，每人起碼要見過五十三位大德，記住每位大德給我們的一句良言。這每說的一句，將令我們的人生，受用無量，受用無窮。如斯教誨，我們是感同身受，定當依教奉行。

10 念死參生

生命的真相是生老病死。

所以，文天祥才感歎：人生自古誰無死，為此，要留取丹心照汗青。說實在，「生死」二字，讓多少豪傑下跪，令多少英雄折腰。圍繞「生死」二字，人間或天堂，演繹了多少的笑聲與淚水。在佛教，視死如歸，視死如蛹化蝶，視死如鳳凰涅槃。不僅如此，還有念死參生的法門，以此，培養出離心、菩提心，去除恐懼心、執著心。依據《解脫道論》與《清淨道論》，念死法門或念死觀，主要

有八條內容：

1. 以殺戮者追近：也就是，死亡的殺手追殺我們於身後，懸劍於我們頭頂，總有一天，我們會被殺手追上，頭頂之劍會掉下來，斬殺了我們。生死俱來，不可逆轉。小河之枯、果實之落、器皿之壞、露珠之散，不可避免。眾生與死亡賽跑，永遠不會是冠軍。

2. 以興盛衰落：也就是，物極必反、月圓必缺，生命的旺盛，必是生命的衰敗開始。有哪種興盛可以最終戰勝衰敗？沒有。多少帝王，權位沒了；多少王侯，富貴沒了；多少滄海，桑田了；多少桑田，滄海了。眾生健康終於病，青春終於老，生命終於死。所謂的征服者，永遠被征服；所謂的勝利者，永遠被勝利。栽種了整個大地，卻最終帶不走一粒庵摩羅果（*Phyllanthus emblica*，編註：中文俗名餘甘子，初嚐果子苦澀難嚥，隨後逐漸轉成甘甜，寓意人生的「苦盡甘來」）。

3. 以比較：也就是，有名者，又如何？有福者，又如何？有力者，又如何？有神通者，又如何？有智慧者，又如何？乃至賢聖，又如何？皆不能脫離生死，解脫生死，皆是死神口中的香果，不足死神之飽，惟有成其永不脫落的齒香。

4. 以身多共同者：也就是，一身之內，百蟲彙集，非我獨有。此身，是蟲巢、是病室、是墳墓、是垃圾堆。世尊曾說：「我實有甚多死之緣，蛇齧我，蠍齧我，百足齧我。」為此，我們不可妄想著獨佔其身，或以為此身為我，更不可能長期擁有。

5. 以壽命無力：也就是，生命脆弱，壽命非堅。壽命存續於呼吸之間，仰賴於食睡。四大不調，則不行。冷熱失調，則不行。今晚睡下，或許明日不起。這頓飯吃了，或許下頓飯永遠吃不了。壽命無力，即是眾生無力呀。

6. 以無相故：也就是，生命無主，大限難料，不知終於何時何地何種狀況。聖者能夠預知，我等凡夫，如何能夠？有人說，床是最安全的地方，但絕大多數人就

死於床上。我生有涯，有涯的生中，誰人能知自己是將終於山或水、陸或空，終於親人的懷中或仇人的掌中。不是嗎？報導說，有人還終於野獸的口中呢！

7. 以生命時間的限制：也就是，壽限不過百年，八十古來稀呀。而今，因緣好了，人命延長，但百歲以上的，也算比較罕有呀。有人曾說，會當水擊三千里，自信人生二百年，可誰二百年了？所以，經中常說，人的生命之長，就如同咀嚼一個飯團之間，就如同吃一頓飯之間，就猶如一日之間，就猶如一日一夜之間。

8. 以剎那短促：也就是，從歷史或時間的長河看，生命只是一瞬一剎之間，只是一念之間。心相生，活著。心相滅，死了！這剎那生滅，如水流，如輪轉，此浪非彼浪，此圈非彼圈。如雲逝，如風過。平時，我喜撚著數珠心念佛陀名號，常想，生死如斯，一珠一生，一珠一死，一撚一生，一撚一死也。

總之，念死法門告訴我們，命根將逝，死將來臨。為此，南傳佛教經典說：「諸比丘，吾命呼吸或入出息之間，吾必憶念世尊教法。」可見，生命的缺憾，無以言表。於此世間，正因生命的缺憾，所以，我們要珍視之，珍惜之，以有限的生命，修證出無限的生命，以缺憾的生命，修煉出無憾的生命。從而，念死參生！

11 赤腳行天下

近日，息心修養。

這幾個月來，寺院舉辦了「二十一世紀海絲佛教論壇」「福州開元寺建寺一千五百年紀念慶典」「水陸空冥陽兩利大法會」，而佛協則主辦了「閩台佛教文化交流周」「傳授僧尼三壇大戒」「全省各級佛協與寺院負責人研修班」「全省講經交流會」。此心雖閑，此身卻也覺得有些透支。

佛法說：「諸法唯心，萬法唯識。」但也說：「色心互用。」此色，指物質也；此心，謂精神也。

休養息心的地方，因緣使然，落在了仰光的一個禪修中心。中心距瑞光大金塔不遠，隱於一個高級社區中的小山包上。中心負責提供禪堂以及小居室。我們準備離開時，隨行的居士給了中心小小的供養！

禪，意味著非想，在非想的間隙，於禪坐靜心的間隙，我在想：作為個體的人，怎樣的人生才是最符合天性、人性與佛性的？基於社會責任與人類使命，有時，我們需要更加努力、奮鬥、光環、榮耀，但這些對個體而言，是否有違規律？起碼，這幾天，我好想忘卻俗務，以及所謂的教務。在走出禪堂，打開手機，便有鈴聲襲來，感覺這很滑稽，想想，人類不是為了追求自由嗎？為什麼又將這手機綁在身上、嵌進心裡，無論你何種身份，隨聲傳來的資訊，無非就是隨時監督你，提醒你，呼喚你，命令你，請求你，讚歎你，咒罵你，給你誘惑，給你恐懼，我們也因此隨之喜怒哀樂，如影隨形，情不自禁，無法自主！

這世界，本來是簡單的、淳樸的、素潔的、愚拙的，水只是水，山只是山，雲只是雲，風只是風，即便起浪，即便成峰，即便結彩，即便狂卷。但現在，全變了，水濁，山禿，雲中有霧霾，風中滿沙塵！睜眼，會揉進沙，呼吸，好窒息！還有人情、世故、貧窮、富貴、膚色、國境，諸如此類，與佛國與天堂毫無關聯的條條框框。

於是，人的出行，大包小包；家畜的成長，要在飼料中加激素；到處是海關、檢查、偷渡、監獄。只見加法乘法，不見減法除法，即便捨了，也為了得；即便離了，也為了聚；即便斷了，也為了續；即便退了，也為了進。幾人可以只為沉，不為浮，只為少，不為多，只為死，不為生！

在禪修中心，赤腳行於上下，那熱騰騰的土地，烤得腳底要起泡，從不適應到習慣。兩日後，進駐客棧，也只想赤腳。以至回程，赤腳踏進廈航機艙，空中小姐看看我的長衫，淡然地微笑著引領我到積分升艙的座位。我感覺，彼刻，有種放下的自在的清涼，油然而生，從頭到腳。

12

佛教人間與人間佛教

清夜盤腿，忽一閃念：印順與慈航。此二公，非常人也，更非凡人也。作為太虛法師的法門二將，印公以經典文字舍利遺世，慈公以經典肉身舍利遺世，皆將星閃耀，輝映海天。

下得禪床，棲心書香，見有前輩文字之中，將二公作比較，說某公比某公有水準，有褒有貶，不但偏好，且有分別。合上書本，靜思一番，不禁一聲長歎：印公與慈公，非瑜與亮也，何來「既生瑜，何生亮」哉？

比丘本性不慧，崇仰印公與慈公，二老為漢傳佛教尤其是人間佛教傳承太虛法師「人生佛教」理念，開疆拓土，功勳卓著，垂範後世。慈公在太虛法師的「人生佛教」理念基礎上，提出「人間佛教」概念，以文化、教育、慈善為其核心內容。創《人間佛教》雜誌，後更提倡「佛教人間」，改雜誌為《佛教人間》。今天，人間佛教似有世俗化之嫌，佛教人間正是其導正之道。印公一生，一直秉承太虛法師「人生佛教」理念，創造性闡釋「人間佛教」理念，著作等身，今天的「人間佛教」之路，正可從中探尋到深明的蹤跡。

印公與慈公，一以其文字舍利，號為法師，一以其肉身舍利，號為菩薩。因此，其之高下，非我等凡夫可以肆意評論也。

對於祖師，對於高僧，我總認為，各人願力不同，示現不同，使命不同，責任不同，我等不宜以凡夫的分別心去評判他們的高下。想遠點，李白與關羽，到底誰有能力，誰的水準高，我想，誰也說不清，因為，一文一武，這之間，實在沒有可比性。

說這些，令我想到，我們目前佛教界扭曲的人才觀。從名山到大寺，從諸山到法師，多以管理型的為人才，輕視了文化型、教育型、國際型、弘法型、苦修型、藝術型等人才，給人感覺，做方丈才是僧才，僧才就應該做方丈。

人才，是多元的。

對人才，多一份愛惜吧！

之於佛教，龔自珍老先生的願就是我的願：

九州生氣恃風雷，萬馬齊喑究可哀。我勸天公重抖擻，不拘一格降人才。

13

切割開身口意

踮起腳尖，單立懸崖邊上，仰望蒼天。

雲飛揚，鷹盤旋，七彩陽光泄下，編寫著夢想。

昨夜，推開業的旋轉門，我看見，因果的門童，失卻了笑臉。輪回的廳堂，坐著三世之師，他們是地獄、人間與天堂，過去、現在與未來。

母親，執姐之手，花香中向我走來，臉上寫著：孝與愛。

我哭了，奔向山岡，那是世界的盡頭，卻沒有欄杆，我不敢往下看。

沒有路，只有雲端。沒有梯子，只有鷹旋。只是陽光，還是七彩。

我問佛陀：當世界顛倒過去的時候，如何才能顛倒過來？佛陀說：顛倒。

這是多麼顛倒的答案啊！但解決了我的一切問題。

於是，我自我抽刀，切割開身口意，讓身是身，讓口是口，讓意是意，讓各自復活，燃燒出真理的啟示。

14

心，為誰而痛

如果說，佛陀是眾生的慈父，天下佛子，盡歸釋姓。那麼，尼泊爾便是佛教四眾弟子的祖籍，是我們永遠的故鄉，有我們永恆的家。

二〇一五年的四月二十五日，我們的故鄉，地牛翻身，山崩地裂，我們的家鄉，殘垣斷壁，被摧毀了。

遙望故鄉，遙視家鄉，我們的父母師長與兄弟姊妹，在天地之震顫中顫抖，在石堆瓦礫的漆黑中黑暗！

佛陀，您曾經教示我們：要慈悲，要大慈

由世界和平塔俯瞰尼泊爾風光（Photo by Dhruba Gajurel CC BY-SA 3.0）

天下樂，大悲天下苦，要悲憫蒼生，要人溺己溺。您的教示在耳，因此，故家之難，我們是感同身受。

曾經，二〇〇八年五月十二日的中國汶川大地震，天崩地陷之前後，弟子是頭疼欲裂，藥到病不除。而此次，昨日之午，弟子卻是心臟疼痛，如欲撕裂，重負下墜，這是我此生第一次這樣——心臟發生了難以承受之痛楚！難道，這也是您教言中的以心印心、心心相印。佛陀啊，您心吾心，此刻，弟子之心，在為故國的蒼生而痛。

佛陀，您還曾教言，共業難轉。弟子亦知，沒有無緣無故的因，也沒有無緣無故的果。曾經，那是發生在四月初八，您的誕辰，而今，又發生在您的故鄉。難道，這是因果的警示。想當年，您於世界的屋脊，地球的最高之巔，雪山之中，苦修梵行，是否已經預知了今日的劫難！那天翻地覆，終將降臨於釋迦族的子孫！

佛陀，我只是一個普通的您的教示傳承人，當我昨天，聞此噩耗時，我明白了這對這個世界意謂著什麼？今天，在千年古剎，我們為故國的平安祈禱。弟子堅信，眾生的罪惡墮落是有限的，但佛陀的真理威力則是無限的，這世界的光明必將如珠穆朗瑪峰的彩虹，終將澤耀於地球之巔。

15

十年磨一劍

路，就在腳下。

回顧二千五百年前，佛教之於印度，是何等之盛。而今，枝疏葉凋，人空音寂。令聞者心酸，見者淚落！

佛教之於印度，古今情形為何如此反差？比丘本性，竊以為：原因之一：當時，印度上座部佛教法師們，思想相對固化，沒有及時與印度當時社會主流思潮調適相應，佛教被邊緣化，在人心上，失卻生存的養分。

原因之二：雖有較系統的組織結構，但組織結

構卻沒有強大的支撐，尤其沒有固定寺院與土地為依靠，在經濟上，缺少生根的土壤！

印度佛教在中國的成功，恰恰是吸收了以上兩條深刻的教訓。今天的中國佛教，是印度佛教完全中國化、本土化、革新化、人間化的產物，我謂之中華式佛教。

那麼，這中華式的佛教下一步將如何走？這有待高僧大德與專家學者再探討。

這裡，我要介紹一下，我們開元志業在五到十年裡，將要計畫開展的一些弘法利生事業：

翻開開元志業的理念，其中有如下內容：致力於——文化、教育、慈善、修證。

文化：是個大概念，主要指中華傳統優秀文化，包括佛教文化。十年裡，我們將側重在多語種佛教經典著作的互譯專案，比如，南傳佛教著作譯往北傳佛教區域，北傳佛教著作譯往南傳佛教區域。南北傳佛教著作譯向歐美。

教育：這主要指佛教教育，針對僧伽與俗家人士。既有傳統教育方式，又有現代教育模式。十年裡，我們將側重於現代教育模式，即佛教＋互聯網。這裡，要說明的是，乃佛教＋互聯網，而非互聯網＋佛教，即以互聯網為手段、媒介，推動佛教開展對僧俗的近遠端線上教育。這既基於互聯網時代的現實原因，更因我們的教育是面對國際乃至全球對象的教育。

慈善：慈善體現著佛陀的本懷。做個悲天憫人的出家人，這更是恩師明公的教誨。十年裡，我們的慈善，其主要模式，將致力於開元志業與社區的互動，都市道場與都市社區互動，山林道場與鄉村社區互動，發揮開元志業的一些資源優勢，在物質與精神上雙重服務於社區，以便營造佛教與社區的良好和諧互助氛圍，共存共生共榮。

修證：修證是落腳點，行菩薩道，弘法利生，最終是為了成就佛道、得到解脫。我們的修證，十年裡主推的是中華禪。在中華禪中，南傳禪是基礎，因為，漢傳禪源於南傳禪，中華禪本來就有南傳禪的元素。漢傳禪是中華禪的主體，如默照禪、話頭禪等。在漢傳禪中，往往禪中有淨，淨中有禪，為此，中華禪也必強調禪淨雙修、禪淨一體。也就是禪淨等持，為其法要。這禪淨等持中，又以念佛禪為其核心！

有詩曰：「十年磨一劍，霜刃未曾試；今日把示君，誰有不平事？」自度還需度人，自覺還要覺他。人間佛教的特質，即菩薩道精神。願諸君，具大信、發大願，有大行。

方向，在前方。

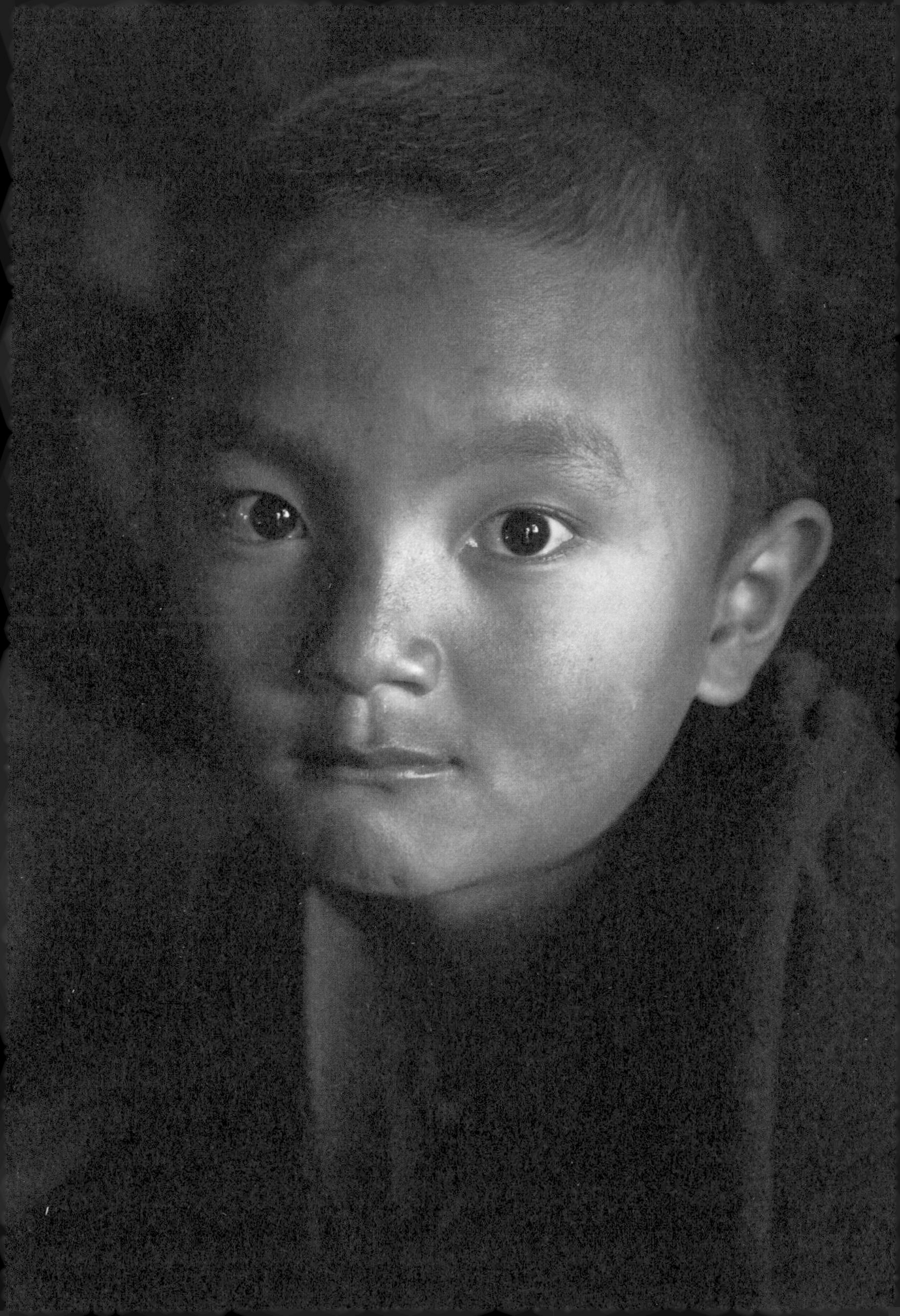

貳 輯

心繫天下眾生

16

佛陀巧治說謊者

誠信，是公民的身份證。

人言為信，人言必誠，所以信誠。信誠事關修身、齊家、治國、平天下。為此，誠信為歷朝歷代所重，也是儒釋道要重點弘揚的倫理道德精神。

有些言詞，雖自古代，我們都很熟悉，都是強調誠信的，如：言必信，行必果；寧為玉碎，不為瓦全；一言九鼎；君子一言，駟馬難追；一諾千金；人言無信，不知其可；與朋友交，言而有信；民無信不立；士為知己者死。

在佛教，誠信是其理論體系的重要支點。在教義上，體現的是自淨其意，直心道場；在戒律上，彰顯的是不妄語戒。

佛教根本教義是：諸惡莫作，眾善奉行，自淨其意。自淨其意就是要把自己內心的醜惡虛偽全去掉，淨化整潔。這裡重點是去掉虛偽。

直心道場是佛教的一個重要概念，強調直心就是道場，真心就是道場。為什麼這麼說？《維摩詰經》說，因為「無虛假故」。

佛教五大根本戒是：禁止殺、盜、淫、妄、酒。此中妄指妄語，即不生妄意，不說妄語，不作妄行。佛教說，違這五根本戒，是犯重罪，不可悔，過患無邊。

佛陀出家前，有個獨子，後來，被佛陀度化出家，名羅睺羅。因宮廷長大，嬌生慣養，出家後，亦難改一些壞習慣，老愛說謊。有次，有人問路，在東他故意指西，導致問路人走了許多冤枉路。佛陀知道後，就把小羅睺羅叫來，命用淨盆淨水為佛陀洗腳。洗好後，佛陀命小羅睺羅把洗腳水喝下，小羅睺羅答：淨水髒了，不可喝。佛陀說：你說的話如這髒水，讓人無法入耳。小羅睺羅一聽趕快把髒水倒掉。佛陀又說：把盆子拿去裝飯。小羅睺羅忙答：洗腳盆這麼髒，如何裝飯？佛陀說，你就如這洗腳盆，乾淨的佛法進不了你的心。接著，佛陀一腳把盆子踢翻，並問小羅睺羅：你會可惜這髒盆子滾落破裂嗎？小羅睺羅答：不會。佛陀教育說：是的，腳盆不貴重，

佛陀與羅睺羅（佛光山佛陀紀念館）

因為髒了，踢壞了也無人痛惜。你老說妄語，騙了這人騙那人，心不淨，意不潔，沒人會敬重你，沒人會在乎你。小羅睺羅聽了，好慚愧，好後悔，從此痛改前非，誠信做人，終於證成密行第一的大阿羅漢。

中國古代有關誠信的典故，感人的莫過於關羽的「夜讀春秋」。當年，徐州兵敗，關羽困守土山，曹操派張遼勸降，並以「三便」承諾，曰：一、保甘、糜二夫人的安全；二、不背桃園之約；三、可留有用之身。為保甘、糜二夫人的安全，關羽以「三約」作為不抵抗的條件：一、降漢不降曹；二、給二位夫人俸祿、單獨居住、不論任何人不許入內；三、一旦知道劉皇叔下落，辭曹歸劉而去。三者缺一不可。曹操想，先答應了再說，以後給他高官厚祿、榮華富貴，自會回心轉意、心甘情願地歸降。

《夜讀春秋》劉凌滄1935年

從此，賜奇珍異寶，關羽不受；給山珍海味，關羽不吃；贈府第豪宅，關羽不住；送嬌娘美女，關羽不納。曹操無奈，故意把關羽與二位嫂夫人安排一室，逼其同居，以毀其誠信，關羽就夜夜坐於二位嫂夫人居室之門外，秉燭讀《春秋》。

這一切，皆源自關羽對皇兄劉備的一句忠義承諾，感動古人，千秋傳頌！

誠信的正能量是很大的。

戰國時期，秦孝公發奮圖強，立志改革，由商鞅制定了新法令。為使人相信法必行、令必止，樹立新法令的權威，就讓人在都城的南門樹立一根三丈高的木頭，張榜說：誰能把此木扛到北門，賞黃金十兩。老百姓為此議論紛紛，以為是作弄人的。見無人能幹，商鞅又將賞金提到黃金五十兩。這時，大家更以為是騙人的，哪有這好事。

長城烽火臺

這時，有個愣愣的小青年走出來，說「我試試」，他這「一試」，就獲賞黃金五十兩，這下全國轟動了，大家也堅信了商鞅改革的決心，新法令推行的嚴肅性。新法令的推行，使秦國越來越強盛，終於統一了全中國。

而反之，非誠信的禍害也是很大的。

在商鞅立木為信的地方，四百年前，發生一件「烽火戲諸侯」的鬧劇，後來，這鬧劇演成了悲劇。周幽王有妃，名叫褒姒，因甚得寵，所以百無禁忌。有次，為圖開心，要周幽王下令在都城周邊的二十多座烽火臺都點起烽火。為圖美人一笑，周幽王下令了。可憐的邊關各路將士，一看烽火這報警的信號，以為都城出大事了，紛紛驅趕彙集都城「勤王」。不料，只是周幽王為博美人一笑的把戲，盡皆憤而離去。五年後，真有敵國大舉攻周，周幽王恐而趕忙讓人點起烽火，各路將士以為又是周幽王為博美人一笑的把戲，便沒有起兵回援，結果，周幽王自刎而亡，褒姒被俘而辱。

黃宗羲在《孟子師說・卷七》說：「誠則是人，偽則是禽獸。」斯言誠如是也。

17

啼哭開始，痛哭結束

從別人的啼哭開始，到自己的痛哭結束。

日前，窗外的風雨呼叫了一夜，夜卻不去，古城福州作了澤國，真是車水馬龍，男女成魚鱉。

站在老殿簷下，簷水瓢潑，撞擊禪寺老舊的石板，發出沙啞的聲響。

返回丈室，面向書櫥，展開斑黃的經籍，借著一點光亮，閱讀《八大人覺》：第一覺悟：世間無常；國土危脆，四大苦空，五陰無我，生滅變異，虛偽無主，心是惡源，形為罪藪，如是觀察，漸離生死。

今日，聞得天津之濱海新區危險品倉庫發生爆炸，造成百餘人死亡，包括二十一名消防官兵，近千人受傷。

佛陀曾經斷言：世界，生住異滅。人生，生老病死。這生、老、病、死，是肉體之苦、

生理之苦。這四苦之外，佛說，尚有怨憎會、愛別離、求不得，這三苦，是精神上的、心理上的。更有五陰熾盛苦，纏繞身心，發自人類第七識、第八識的靈魂深處，業感而起。

佛教修學，尤其禪宗，講究單刀直入，一針見血。佛教對苦的認識，甚是深刻。佛陀認為，苦貫穿了生命的始終及其過程。人之生存，無非處於火宅。為此，強調離苦得樂。但這，是要以受苦為代價的。因為，沒苦過，就不知苦的可怖；沒苦過，就沒有出離心。

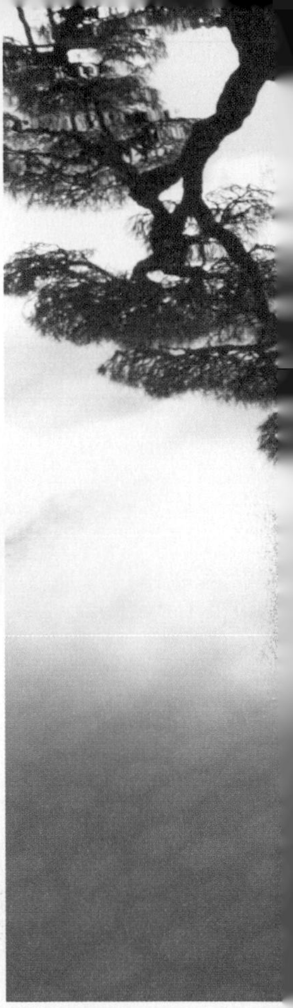

有人說，作為人類，生，容易，活，容易，但生活不容易。而作為生命，保生，保命，保生命，其實，都不容易啊！要不，天津濱海新區的這些無辜遇難者，也不會於自己都莫名其妙的情況下，便匆匆離去，連個與親人話別的時間都沒有。

人無千日好，花無百日紅。是啊，花終要謝！但花還是要開放，人雖要離去，但人還是要活著，生命的輪回就是如此，無法勉強，無法拒絕。也許，只有站在聖者的高度，才能照見這生命的本質。那麼，就讓生命，來了讓它來，去了讓它去，來去無心，來去隨意，來去無蹤跡。也因此，去也無去，來也無來，不生不滅，無死無活。

為此，我們何必在意——從自己的啼哭開始，到別人的痛哭結束！

18

佛學與學佛

佛學長智慧，學佛生慈悲。

作為佛教四眾弟子，當了知佛學與學佛的辯證關係，做到二元歸一、雙面一體。

佛學，是佛陀之學，是佛教理論的學術體系，是佛教義理的系統化。在佛教，有「知行合一」「信解行證」「學修並重」與「理事圓融」的說法，佛學即是「知」「解」「學」「理」的範疇。我們平時講經說法，著書立說，致力的就是在佛學上下功夫。

以吾剃度出家三十多年的體會，作為四眾弟子，首先要學習佛學，精通佛學，了知佛陀說了什麼，做了什麼，瞭解高僧大德說了什麼，做了什麼。在這基礎上，才會知道什麼是正確的道路與方向！正確的道路與方向，對四眾弟子來說，是至關重要的。因為，並非所有的四眾弟子都是走在成佛作祖的佛陀親證的解脫路線圖上。

作為佛教四眾弟子，把佛學爛熟於心，這是值得欣慰的。但這還不夠，就如鳥兒不能只是單翼，要高飛遠飛，還需另一翼，即學佛。佛學是理論理義，而學佛是實踐實證。因此，學佛是屬於「知行合一」「信解行證」「學修並重」「理事圓融」中的「行」「修」與「事」。佛陀說什麼，我們也學著說，佛陀做什麼，我們也學著做，學佛言行。從眼、耳、鼻、舌、身、意上與佛陀的色、聲、香、味、觸、法相應。佛心為己心，佛陀成就的亦是我們努力要達到的成就。

有人說，佛學讓我們長智慧，學佛使我們生慈悲。智慧與慈悲是辯證而互促的，辯證而圓融的。

有個故事：二〇〇〇年四月，蘇北四個失業青年潛入南京一棟別墅行竊，被發現後，持刀殺害了主人一家四口。滅門慘案驚動國內外，四名十八到二十一歲兇手後來被法院判處死刑。

死者一家，是德國人，主人叫普方，在南京的一些德國人因此設立一個普方協會，即普方基金，用於資助蘇北貧困地區兒童的就學與生活，以此紀念普方。普方的母親，在普方等遇難後從德國飛到南京，並寫信給中國法院，希望不判處四個年輕兇手死刑。她認為，四個年輕人並非蓄意殺人，殺人只是臨時動機。再者，他們從小沒有受到良好的教育，因此也找不到適當的工作。她認為，這社會需要法庭與監獄，但更需要博愛、教育與工作。只有給予博愛，通過教育，獲得工作，才能真正避免青少年的犯罪與暴力！因此，在普方母親的支持下，於南京的德國人成立了普方協會，該協會至今還在運作中。

在這個感人故事中，我不知普方母親有無信仰，信仰什麼，但她很智慧、很慈悲，她了知了等同佛學的真理，更實踐了等同學佛的修證，因此，她在人生觀景臺上看到了有別於一般人看到的風景！

19

勿忘世上苦人多

「勿忘世上苦人多」，此語在福建佛教界，一直深入四眾的心。為什麼呢？因為，該句是福建省佛教協會已故會長妙湛長老的遺囑。妙老曾兼任閩南佛學院院長，廈門南普陀寺方丈等。一九九二年，《福建佛教》刊物創刊，妙老是創刊人，當時，比丘本性剛從中國佛學院畢業，服務福建省佛協，兼《福建佛教》責任編輯。該刊創刊號的文稿要印行前，吾送到丈室請妙老審閱並簽印，他老人家只看個目錄及圖片，即交稿予我，同意印行。此行，吾還抱著文稿與妙老合照，成了頗為珍貴的紀念留影。當時，妙老就諄諄教誨吾說，作為出家人，慈悲很重要，要慈悲濟世，要慈悲喜捨。這悲天憫人的宗教情懷，與他遺囑「勿忘世上苦人多」的精神，是一脈相承的。

那麼，「勿忘世上苦人多」，世上之人都苦在哪裡呢？吾以為——

一、身苦

佛陀當年貴為王子，出城門時，就遇見病人、老人。病是身苦，老是身苦。吾所常住的法海寺邊上，就有協和醫院，吾所住持的開元寺旁邊，就有中醫院，病老者與病老現象，可不乏見。從一九九二年開始服務福建省佛協，看望過老病的福建老一輩長老，如圓拙老、妙湛老、普雨老，妙蓮老，妙果老，淨慧老，會靜老，磬揚老，提潤老，傳常老等等。福州開元寺有辦個老年安養院，吾住持之初，有四十多位老年僧俗常住，看著他們老去，病來。

福州開元寺佛教老年安養院

作為凡夫，身苦即老病不可避免。如何對待？當然是「勿忘世上苦人多」。要以慈悲精神，幫助解除疾病，或減輕疾痛病苦，幫助病有所醫，病有所藥。有人關心，有人照顧。老亦如此，要讓老有所依，老有所靠，要如藥師如來一般，促進老而健康，老而延壽。尊老，敬老，孝老，順老，以老為歸，以老為寶。

二、心苦

佛教說，三界火宅，五濁惡世。欲界、色界、無色界，都是火宅，火燒眉毛，水火之中，銅柱鐵床，熬著烤著。五濁，就是時空、知見、煩惱、生命、壽命等的缺陷。從古至今，從東到西，疾病戰爭，無不充斥。眾生知見，也就是人生觀、世界觀、價值觀等顛倒混亂，未能如實反映客觀真實。是沉淪的知見，而非提升的智慧。每天，人類被貪嗔癡慢疑等負面心理情緒俘虜與綁架，矛盾著矛盾，衝突著衝突，悲傷著悲傷，憤怒著憤怒，無奈著無奈，苦難著苦難，無法自主，無法自由，無法平等，無法公正。在生命上，動物生老病死，植物成住壞空。生就意謂著死。健康就緊接著疾病。而且，人類壽命乏過百年，許多動物，甚至壽命不過一季，連春夏秋冬都不能完整體驗感受。佛教說，人生有八苦，即生、老、病、死、怨憎會、愛別離、求不得、五取蘊。其實，何止這些。苦海無邊啊！

三、靈苦

心苦，指心理、情感之苦。而靈苦，指思想、精神之苦。靈是心的深化遞進提升。思想高度與精神境界決定一個人對人生、對生命、對世界、對宇宙的認識與理解。我是誰，誰是我。我從哪來，要到哪去，活著的意義是什麼，死後要留下什麼，什麼是成功與失敗，什麼是快樂與無聊，什麼是苦難與幸福，該自利還是利他，該掠奪還是施予，該橫眉怒目還是眉開眼笑，是以德報怨還是有仇必報，總之，眾生在這些十字路口，總是迷惘，總是迷途，摸不清方向，邁不出正確的步子。因此，人類的靈魂，總是在淒風苦雨中飄搖與漂泊，漆黑夜暗，苦求明燭。

四、終極苦

比丘本性，一九六五年出生，一九八五年出家。為僧過三十載，人生逾五十年。吾最憂之苦、最怕之苦，就是這終極之苦。《佛說八大人覺經》云：「世間無常，國土危脆，四大苦空，五陰無我，生滅變易，虛偽無主。」一有時，舉辦水陸法會，或施放焰口法會，吟誦召請文，悲孤淒涼，每每淚下。想到人生，一世浮華，或一生灰色，到頭來卻是不知歸向何處，有無未來，這是多麼的無奈與傷感。一直以來，比丘本性，極盡己力，在推行中華禪道，為了利人利己，覺人覺己，以默照禪、話頭禪、止觀禪、念佛禪等中華禪道之五宗精華為手段方法即法門，以期眾生能夠桶底脫落，明心見性，從凡入聖，成佛作祖，從而永久解脫，恒久超越，乘願再來，濟世度生。有時，夜深人靜，獨坐禪榻，想到人類，生很短，死更短；生很長，死更長，不禁心頭發冷，不勝悲涼。因此，人類更需要解脫與超越之道，這不分貧

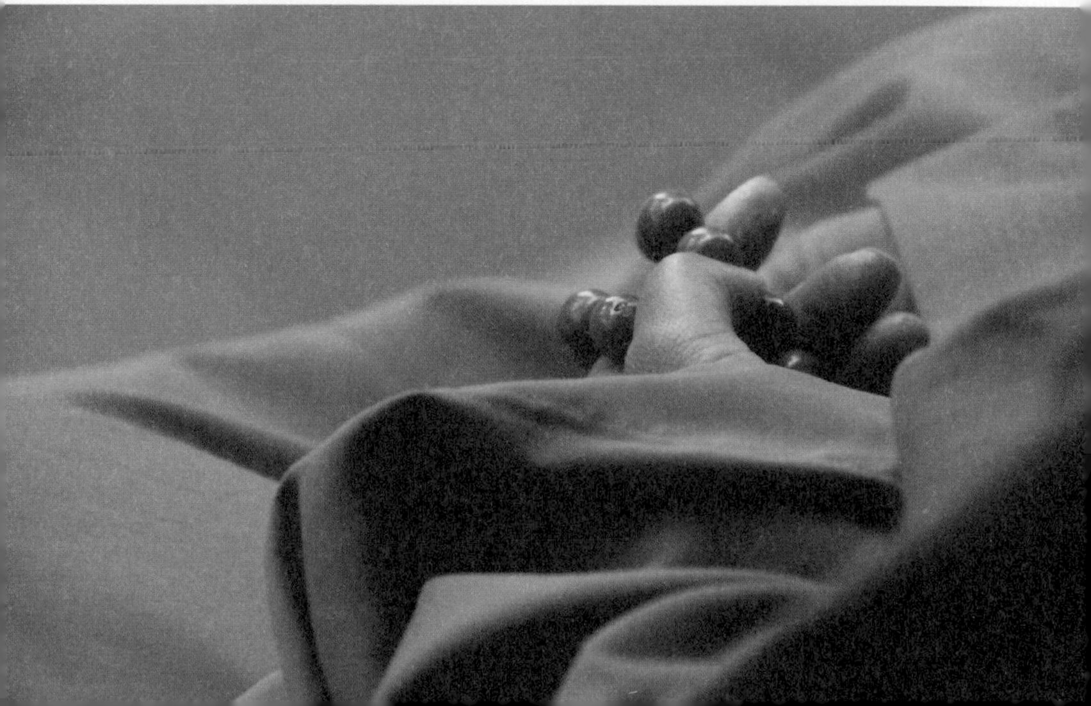

富、老少、男女、善惡，而佛陀，指示給了我們這麼一條光明之道，只有勇者、智者、有福報者、慈悲者，才可踏足，並走向終點。

也就是，我們關注生，關注生存生活，那麼，我們想到死，想到死亡死後的事了嗎？此期生命，只能一次，錯過此次，以後會是如何？我們盲然無知，這正常嗎？理性嗎？時空流轉，生命輪回。時空無始無終，空間無邊無際。每個人都有生命的終點末端，都有人生的極致黑暗，我們不想在生命的末端，接續一條可以繼續前進的大道嗎？我們不想在人生的黑暗，忽現一片溫暖的燦爛光明嗎？

比丘本性，吾乃佛子，我要打破終極之苦，我能打破終極之苦。四眾弟子，願同與我。此文及此，我想為半年內波音七三七兩大空難的遇難者們祈禱。二〇一八年十月二十九日印尼獅航一架波音七三七客機墜毀，機上一百八十九人遇難。而二〇一九年三月十日，衣索比亞航空一架波音七三七客機又墜毀，一百五十七人無一生還，其中包括八名中國籍乘客。兩架墜毀客機，共三百四十六名無辜乘客。身苦、心苦、靈苦、終極苦，在狹窄的空間與短暫的時間內盡悉遭遇，以悲催的血淚代價，驗證了佛陀的真言、真行、真知、真見以及真道、真理。我們為之祈禱，祈願：往生極樂，佛國淨土，永無災難，花開見佛！

20

修學禪法愛好者必讀書目

致力推動禪法社會化與禪意生活化中，不少中華禪愛好者向我瞭解，修學禪法要看些什麼經典或論著。本人孤陋，但願以個人修學經歷與體驗為依據，提供個書目，供眾參考。

提供書目前，我們要自問：為何修學禪法？答案當然是：解決煩惱，明心見性，解脫輪回！因此，這裡，我們首先需明瞭，都有什麼煩惱，即煩惱的內容。

我以為，我們凡夫的主要煩惱內容有：

1. 生、老、病、死等，這是身體上的煩惱。

2. 貪、瞋、癡、慢、疑等，這是心理上的煩惱。

3. 斷見與常見，以及輪回三惡道之苦等，這是靈性上的煩惱。

4. 生、住、異、滅，或成、住、壞、空之苦，這是自然上的煩惱。

前三者，為自己身心靈上的自我逼迫。後者，是外界自然對我們的逼迫。

禪法如何解決煩惱，南傳、北傳、藏傳三大語系佛教，提供的方法，大同小異，最根本的方法，即修習戒定慧！

關於戒，通俗點說，有防範身體的戒，嚴防眼耳鼻舌身違犯。有防範心理的戒，嚴防起心動念，即意上違犯。有防範靈性的戒，嚴防信仰上違犯，杜絕信仰虛無主義以及邪信。在原始佛教，有一定的戒條，佛教入華後，素食、出坡等，也儼然成為了戒條。

而定，在南傳佛教，主要以「觀身不淨、觀受是苦、觀心無常、觀法無我」為原則，推動體驗如呼吸觀、不淨觀、因緣觀、無常觀、慈悲觀等等。在漢傳與藏傳禪法體系中，又有了如：參話頭、起疑情、棒喝、持咒、念佛等方法。

而慧，則是戒定的產物，有戒有定必生慧。有慧表現在哪？即了悟十二因緣、四聖諦、六度與八正道等。

瞭解煩惱之內容，了知除煩去惱的方法，那麼，我們便知該如何選擇修學的經律論等書籍。

鑒於只為修學禪法愛好者提供，而非為專業者如僧人等。故此，在這，本人只推薦義注或論著一類。而且，這種推薦，只是從理論上而言。

1. 南傳禪法要典《清淨道論》：此為南傳佛教經典義注，主要談戒定慧，斯里蘭卡大寺派僧人覺音三藏著。可參看斯里蘭卡優婆諦沙尊者所著《解脫道論》。

2. 藏傳禪法要典《菩提道次第廣論》：此為藏傳佛教格魯派尊宿宗喀巴法師著。主要講修行次第中的具三心，即出離心、菩提心與清淨心。可參看宗喀巴法師另著《菩提道次第略論》。

18世紀《宗喀巴生平事蹟圖》
魯賓藝術博物館（Rubin Museum of Art）

覺音尊者將寫好的《清淨道論》交給僧團長老。

3. 漢傳禪法要典《六祖壇經》：中華禪宗六祖惠能法師著，主要講禪法頓悟之門，因其著作重要，雖是論卻被號作經，堪比佛說。可參看天臺宗創始人智者法師著作《摩訶止觀》。

此中，《清淨道論》提供的是南傳佛教漸修法，《菩提道次第廣論》提供的是藏傳佛教漸修法，而《六祖壇經》提供的則是漢傳佛教的頓修法。我們讀這三本書的順序可以是，先讀《清淨道論》，次讀《菩提道次第廣論》，再讀《六祖壇經》。如果限於時間，或為了專門與深入，可以先學《清淨道論》，接著學《六祖壇經》，或先學《菩提道次第廣論》，接著學《六祖壇經》。

推薦的參閱書目中，《解脫道論》與《清淨道論》，《菩提道次第略論》與《菩提道次第廣論》，各有淵源關係。而《摩訶止觀》為漢傳佛教禪法漸修之門中次第嚴謹分明之要著，與頓修的《六祖壇經》形成互補之勢，可以為更好地學修頓悟法門打下堅實基礎。

這樣，先學修漸法，然後學修頓法，從漸到頓。基礎紮牢，穩步健走，境界提高，便可從量變到質變，明心見性。

不過，本人要特別強調的是：眾生都有佛性，都將成佛。因此，佛教的所有經律論對任何人都是適應的。但是，這是從理論上而言。而現實中，則未必了。因為，實際上，每個眾生的根基多有不同。從歷史與文化的特性去看，南傳佛教更適應於南傳佛教國家的人們；藏傳佛教更適應於我國藏區的人們，而漢傳佛教，則更適應漢地的人們。因此，對漢地人員盲目去學修南傳佛教或藏傳佛教，本人雖然也曾於南傳佛教國家修學南傳佛教數年，但本人還是誠懇地認為，對此，要持保留與謹慎的態度。

21 藥師佛治病法門密意

藥師佛為佛教三大語系所共尊，主管消災延壽，全稱為消災延壽藥師佛，傾注精力於解救人間疾苦，佛界號稱大醫王、健康佛。

在因地時，藥師佛發十二大願，願願與消災延壽相關。眾生修持藥師法門，在消災延壽祈求上，屢屢有所求有所應，感應靈異，不可思議。

藥師佛的團隊陣容強大，主要有藥王菩薩、藥上菩薩、日光菩薩、月光菩薩，

開元寺藥師佛

《藥師佛、日光菩薩、月光菩薩、十二藥叉護法神將》繪於13世紀

十二藥叉護法神將。其中，這十二神將每天二十四小時輪流值班，護法盡力盡責！

作為大醫王，藥師佛有自己的藥師真言、除萬病咒、藥師手印、藥師經、藥師佛聖誕日（即農曆九月三十日），這些都是藥師佛解救人間疾苦的密碼！

福州開元寺曾是大唐盛世皇家寺院，是藥師佛信仰中心道場。

唐代時，印度佛教中心大那爛陀寺著名三藏法師、密教高僧般若怛羅從印度來華，於福州開元寺傳揚唐密，教授藥師法門。此後，福州開元寺藥師法門代代傳承，及至明代開元寺僧雪溪和尚，以中醫結合藥師佛，將佛醫中國化，並傳承《福州開元寺藥師靈籤》，每籤為一藥方。民國期間，以福州開元寺藥師殿為核心建築，創辦當時國內規模數一數二的福建佛教醫院，即今福州市中醫院前身。該醫院當時禮請海軍司令薩鎮冰為院長，福州開元寺方丈寶松和尚便是創辦人，國民政府李宗仁代總統等要員給予關心，海外僑領郭鶴年家族等給予發心資助。改革開放後，提潤和尚繼承般若怛羅、雪溪和尚與寶松遺風，又創辦福建省佛教中草藥門診，以代代相傳的佛教醫藥秘方，懸壺濟世，治病救人。現法人代表為比丘本性也。

藥師法門，治病救人，分三個層面進行，即治身、治心、治靈。但身心靈又是統一體、融合體。所以，要綜合治、共同治。因此，在提供藥物等硬體藥方對身進行治療之外，還提

福建省佛教中草藥門診

供有從心靈、靈性上進行治療的軟體藥方，亦即消災延壽藥師佛治病法門。

藥師佛治病法門，其中一個重要方面是從消除宿世與現世業障入手，同時，平衡現今身、心、靈綜合系統，提升身心靈的整體免疫力。該法門，既強調外力的感應加持，更強化內力的發掘激發。既打持久戰，又打閃電戰，既打防禦戰，更打殲滅戰。主要方法如下：

在戒的基礎上，首先是上香。清香一至三根。這上的是心香，敬佛、敬法、敬僧、敬天、敬地、敬人。有敬，才會靜，有靜才會淨，淨化自己身、心、靈。淨心上香，功效才能最大化。

接著禮佛。禮佛是上香的延續與深化。除了禮敬三寶之外，重要的目的是要一心不亂。在一心不亂的基礎上，與三寶開始溝通、感應，獲得三寶強力加持！

接著祈請。祈請藥師佛及其團隊中的諸大菩薩及諸大神將，懇切祈請，祈請蒞臨，現場

調研，現場辦公。

接著懺悔。懺悔是佛法要素，是消除轉化宿世與現世業障的重要法門。懇切地懺悔，涕淚交加，甚至眼中、喉中出血，透徹心靈，感天動地，必可減輕有意或無意中所犯下的過錯與罪惡。六道眾生，由於貪瞋癡慢疑等無明聚身，往往有意或無意中地於身、口、意等中，或於眼、耳、鼻、舌、身、意等中犯下無數業障，如石沉水，拖著眾生沉淪。

接著發願。佛門重視發願，願是種子，有願才能生根發芽，才能開花結果。信、願、行，是佛法修持的重要方法次第之一，而良願則是菩提心呀。一旦發出願，我們的願便與諸佛菩薩的願相應、感應，從而得到外力加持，便得成就。同時，願本身就是一種力，願力挖掘激發我們自身的潛力，推動我們向上，得內力支撐，亦得成就。

接著，修藥師禪定，持藥師密咒，稱藥師佛號，這些是藥師法門的內容核心，是前面步驟的從淺及深、從表入內，為了深化、鞏固、飛躍、昇華。藥師禪定有其專業性、次第性、師承性，因此，建議在禪師指導下進行修煉。藥師密咒在身、口、意相對淨化並相應的情況下，可以自修自持。而藥師佛聖號，不論於何種因緣，凡愚可念，既便於污穢之時空，亦可方便修證，誠為殊勝法門環節。

然後，誦藥師贊。可唱亦可誦，稱揚藥師佛團隊的殊勝，如清淨、歡喜、福吉、健康！

最後，進行回向。把藥師佛治病法門的修持功德，感恩回向給親朋好友、冤親債主、六道眾生、法界有情。

二〇〇三年，一生修持藥師法門的福建漳州妙智老和尚往生，數年後開缸，肉身不壞。生前，老和尚勤修藥師法門，並懸壺濟世，治病救人，一百零六歲才圓寂。二〇〇六年，比丘本性應邀赴漳州為妙智老和尚金剛舍利、不壞肉身舉行主法安座，開光儀式。也因此，對藥師法門更是崇仰無比與信奉不疑。因緣使然，今住持有一千五百年歷史的消災延壽藥師中心道場福州開元寺，因此，弘揚藥師法門，既為職責所在，更是信仰所應。為此，特整理此小文，以便拋磚引玉。當然，如有意深入瞭解實證，亦可參看比丘本性整理的《藥師佛治病法門儀規》。

22

頭陀行世，正法久住

《法華經》中有個故事：一天，佛陀說法，群中迦葉，亂鬚破衣垢面，有些比丘不屑對之。佛陀見之，特讓半座，與之共坐。佛陀關心地問：「您年紀也這麼大了，還行頭陀行，恐怕身體會受不了，就不要再這麼苦行了，換換洗洗，好好養老

迦葉尊者

吧！」迦葉感恩佛陀的關心，但他志於頭陀，他回答說：「佛陀，我不以頭陀行為苦，反而覺得快樂。」他說：「佛陀辛辛苦苦建立起來的僧團，其健康有賴於嚴謹純淨的生活與修學，而佛陀的頭陀行便是很好的法門。為了僧團，我捨不了苦行。」

迦葉的執著，讓佛陀很感動與欣慰，佛陀說：「將來佛法的毀滅，不在外力的破壞，而是內部的腐敗。迦葉的話很對，要讓法運長久，就必須過嚴謹與純淨的生活與修學，我的佛法，有如迦葉一般的僧團，便能久往。」

迦葉是佛陀大弟子，於十大弟子中，高齡第一，他常露天靜坐，墓間觀屍，也是苦行第一，是個實實在在的頭陀行者，是頭陀行者的典範。

頭陀行，許多經典述及，在北傳佛教還有一部《佛說十二頭陀經》，羅列頭陀行十二條，但南傳佛教，如《清淨道論》等，列為十三頭陀行。

由於頭陀行或苦行事關僧團純淨與腐敗問題，事關佛教的滅亡與久住問題，所以，其於僧團的重要性不言可喻！

那麼，何為頭陀行？在南傳佛教義注聖典《清淨道論》中，有說頭陀支品：「世尊聽許他們受持十三頭陀支。」也就是，頭陀要持守十三條基本規則，如：

1. 糞掃衣：《四分律》中有「盡形壽著糞掃衣」。糞掃衣指百衲衣，因為「此乃世人所棄，無復任用，義同糞掃」。《四分律行事鈔》：「論曰：一、體是賤物，離自貪著；二、不為王賊所貪，常得資身長道，又少欲省事，須濟形苦，故上士著之。」總之，糞掃衣由世人丟棄於墓地、道路、垃圾堆之破布破衣而成，目的為了棄貪欲之心，棄虛榮心，同時區別外道。

2. 三衣：即分別由五條布、七條布、九條布縫成的五衣、七衣與九衣。五衣是褲子，七衣是上衣，九衣為大衣，三衣主要為了遮體與防寒之用。佛陀時代，個人主要物品只限三衣一缽。《大堅固婆羅門緣起經》：「但持三衣一缽，餘無所有。」其目的就是為了僧者過簡樸簡單的生活，不為物累。在佛教，三衣是僧人標幟，缽為必用之具，因其之於佛教的特殊含義，佛教法脈傳人也叫「衣缽傳人」。

3. 常乞食與次第乞食：常乞食，也就是自己不設廚房，不自煮食，而是每日之食要靠

行乞而得。僧人謂比丘，比丘即乞士。僧人托缽行乞食物，維持色身。行乞目的，為了杜絕俗務，方便修道，同時，為了利於眾生積福，給予修福田、修福報的機會，也為了破除我慢。次第乞食，即僧人行乞時，不著於味，不執於色，不擇乞食對象，平常心而隨順因緣次第而乞。次第乞食的原則是不分貧富好壞，無論如何，不作揀擇。因此，乞食也是為了實踐平等無分別精神。乞食來的飯菜，要分予眾人均食，大家共用、感恩、團結、六和。

4. 一座食與一缽食：《瑜伽師地論》解釋說：一座食就是「謂坐一座，乃至應食，悉皆受食，從此座起，必不重食，如是名為但一座食」。也就是，既已坐到位上，為了此食，該食的也食了，一旦吃好，離座，就不該再坐再吃。一座食目的在於去除貪婪與欲望，以免吃了又想吃，違背了吃食物只是為了保全色身，健康自己，能夠持續修道之精神！為此，佛陀叫吃食為藥食，即把吃飯當做吃藥，不是為了享受享樂。《清淨道論》說：「一座食者，不會因食而病惱，不貪美味，不妨礙自己事業，為安住清淨煩惱之樂的原因，淨意行者當喜這樣的一座食。」

一缽食：缽的大小不一，依食量。一天只能食一缽量，同時，只用同一缽，與一座食類，拒絕用另缽或第二容器。一缽食可以除去種種對味的貪愛，捨去貪於多缽的食欲，了知自己食的定量，隨順少欲

的生活，該斷的斷，該捨的捨，該離的離。正如古人所言：

「一缽千家飯，孤僧萬里遊。青目睹人少，問路白雲頭。」

5. 時後不食：也就是一日一食，過午不食。中食之後，不飲漿物，其為「食後不食」的分支，即食過後就不再食。佛教中說，有種鳥叫「客羅」，用嘴去啄一枚果子，果子不幸掉落地上，這客羅便不啄第二枚果子。僧人亦應如此。有趣的是，孔子也說「不時，不食」。不過，孔子說的是飲食應根據節季或身體的狀況而食，而佛教說的是要節制的食。每日一餐，或過了中午就不食，因為，過午托缽乞食，會打擾社會家庭，比如夜晚。同時，也會給社會造成負擔，一日兩餐或三餐，對大僧團來說，可不是小的食量消費。佛教要求過午不食，也為了僧團能精進並專心修道，免的為每日三餐奔波。且不吃晚餐，思路清明，吃了晚餐，處於昏沉。關於日中一食，也有傳說，早上天人吃，晚上牲畜吃，只有午間人吃，而且還要食存五觀。也因此，《長老偈》說：「出家修道人，捨棄財妻子，卻因一勺飯，而為不義事。」

6. 阿蘭若住：阿蘭若住，即寂靜住。頭陀行者要離群索居，遠離喧囂，封閉根塵，絕緣世俗，不為外物所染，也就是要如《西方確指》中所說：「有口若啞，有耳若聾，絕群離俗，其道乃崇。」「阿蘭若」三字原義為森林、樹林、曠野等。如《有部毗奈耶》中說：「在阿蘭若住處者，去村五百弓，有一拘盧舍名阿蘭若處。」在今天，阿蘭若常被人等同於精舍或寺院，這是不準確的。住阿蘭若的功德甚大，《大乘本生心地觀經》有言：「阿蘭若處真道場，一切如來成正覺；阿蘭若處妙法空，出世正法之所生；阿蘭若處聖所尊，能生三乘聖道故；阿蘭若處聖所宅，一切聖賢常住故；阿蘭若處如來宮，十方諸佛所依故；阿蘭若處金剛座，三世諸佛得道故；阿蘭若處涅槃宮，三世如來圓寂故；阿蘭若處大慈室，菩薩住此修慈故；阿蘭若處是悲田，三世諸佛修悲故；阿蘭若處六通室，菩薩於此遊戲故；阿蘭若處大無畏，能斷一切恐怖故；阿蘭若處三摩地，諸求道者得定故；阿蘭若處陀羅尼，諸持咒人神力故；阿蘭若處善法堂，增長一切善法故；阿蘭若處菩提室，菩薩修道得忍故；若欲永超三界苦，菩提涅槃當修證；遍周法界利群生，應居蘭若菩提室；所修六度四攝法，回施三有及四恩；自他俱入甘露城，同證一如真法界。」為此，《華嚴經》說：「阿蘭若法，菩提道場。」阿蘭若住的目的在於擺脫人事與是非等世間煩惱。

7. 樹下住：樹下住的本意是上不能有頂蓋的，即避免居於房中。居於房中，不經風雨，不經野獸蟲蛇，不知娑婆之苦，亦恐沉溺於享福享樂。樹下住不是讓我們於樹下昏沉甚至昏睡，而是要正念思維，勤修禪定。樹下住，不可一樹下住超三天，以防信眾知道後前來供養，因為頭陀不為供養。《清淨道論》這樣描寫樹下住的功德：「善淨行者住於遠離的樹下，那是天人護持除去慳吝的住所。看見樹葉深紅青綠黃色而降落，除去常住的想念。」《四十二章經》說：「剃除鬚髮，而為沙門，受道法者，去世資財，乞求取足，日中一食，樹下一宿，慎勿再矣。」

8. 露地住：露地住是樹下住的修持深化遞進。樹下住尚有稀疏零星的頂蓋，包括樹蔭之陰，而露地住則完全暴露於天空之下，任憑日晒雨淋風吹霧浸，當然，老年比丘或侍候老年比丘可以例外。露地住在《解脫道論》中作露地坐，目的在於比丘們能夠去除執著，少欲知足。同時，居於空曠，天寬地闊，無拘無束，自由自在，眼高心闊，入於空定。《清淨道論》對露地住的描述好迷人：「比丘心無所著，如鹿的自在，空中散佈寶珠一樣的星星，照耀著如燈光一般的明月。」

9. 塚間住：也就是住於墓地、火葬場，與屍體、屍骨、哭泣、死亡、鬼魂相伴。觀察生死，克服恐懼，了知無常，產生厭離。居於塚間，還有什麼不可放下？包括生命。尤其夜黑風高，這時，孤獨的生活一定會體味到人生的苦空。塚間住，並不等於同意在塚間或塚邊建精舍、建房屋去住。塚間住還有一大目的，就是讓眾生明白，塚間死者的今天，就是我們的明天，我們終將如此，無論生前多麼輝煌、奢華，終將死去如彼，讓人恐懼，讓人遠離。處於荒郊，但伴風雨。因此，當好自為之，為善最樂，精進修持，脫出輪回，步入佛道。

10. 隨處住：在前面，我們談了阿蘭若住、樹下住、露地住、塚間住，其中功德殊勝，但世間人事與物與地等，千姿百態，有時，也未必找得到這些於法殊勝的地方住，那怎麼辦？於此，佛教的中道圓融精神就體現出來了。這時，還可以「隨處住」呀，也就是隨緣而住，隨遇而安，不因寂靜而貪戀，不因喧鬧而厭惡，而以慈悲與智慧統攝一心，圓融環境。也就是《清淨道論》中說的，「不著最上的住所，得下劣的也不怒」。在隨處住，我們會發覺，菩薩道精神得到了很好的體現。南傳佛教既強調羅漢道，又點睛菩薩道，這正是其閃光點。羅漢道加菩薩道等於佛道也，這是救世大道呀！

11. 常坐不臥：常坐不臥，在漢傳佛教，即俗稱的不倒單，也就是只坐禪，不臥睡。有時，半夜時分，好想睡時，便起來經行。生命短暫，一般人生中，睡覺去了一半，為此，佛教提醒人們，要精進修行，如救頭燃。常坐不臥，便是如此。想睡，死睡，以後還怕沒有機會？

一日人生呼吸停止，睡多久便多久，有的是時間。所以，現在不能把時光浪費在昏睡上。當然，這並不強行要求體弱年老者。

以上是頭陀行的內容與精神，之於當今這太現實、太世俗的社會，有其特別的價值。

據南傳佛教，佛陀當年現頭陀相。從漢傳佛教角度看，起碼佛陀六年苦行時是這樣。佛陀十大弟子之首席——大迦葉尊者，對佛陀的頭陀思想理解深刻，為此名聞古今，被號稱頭陀第一，或苦行第一。有次，迦葉行乞曠野城，屢受市民冷漠相待，有的甚至見了僧人就關門躲避。迦葉奇怪，為何佛陀弘化剛走不久，此城就如此對待僧團，後來瞭解到，原來，佛陀他處去後，在曠野城的比丘們打著佛陀的旗號，大興土木，各建豪華精舍與講堂，挨家挨戶叫民眾施捨木料、磚瓦乃至金錢等，給當地百姓造成不少負擔。迦葉知後，感到事情嚴重，急向佛陀反映。佛陀由此而開示說：「我的正法流傳，要依賴僧團的清淨與高尚，人到無求品自高。」為了恢復曠野城市民對佛教的信心，佛陀就派迦葉駐於曠野城，並以頭陀行弘法度生，僧團終於重新贏得人民的信奉與崇敬。

可見，頭陀行事關佛教事業的民心向背呀，為此，我想，頭陀行世，正法久住。這也是佛陀對迦葉的評價呀！二十一世紀今天的佛教比丘，對此，我們不能不深思之。

23

慈悲無敵

古人說，慈不掌兵。孫子也說：「厚而不能使，愛而不能令，亂而不能治，譬若驕子，不可用也。」而我認為，慈能掌兵。因為，慈悲無敵。

慈悲是什麼？即仁愛，即博愛，《大智度論》說：「大慈與一切眾生樂，大悲拔一切眾生苦。」也就是說，大慈天下樂，大悲天下苦。

慈悲總是與包容、寬恕等聯繫在一起。為此，從慈悲出發，我們做人做事，應如古人所言：勢不可用盡，福不可享盡，規矩不可行盡，好話不可說盡，以及便宜不可占盡，聰明不可使盡。也就是，正如俗話所說，為人做事要留點餘地，留條後路。

佛教分慈悲為三種：第一種，小慈悲，叫眾生緣慈，有分別心存在，如對父母師長等慈悲，對他人就不怎麼樣。第二種，中慈悲，叫法緣慈，進入無我狀態，不分人我，但未達完全無分別境界。第三種，大慈悲，叫無緣慈，我們平時說，無緣大慈，同體大悲，就是這種絕對無條件的慈悲。

《大涅槃經》說：「為諸眾生，除無利益，是名大慈；欲予眾生，無量利樂，是名大慈。」

《維摩詰經》說：「菩薩作是觀已，自念：『我當為大眾說如斯法。』是即真實慈也，行寂滅慈，無所生故；行不熱慈，無煩惱故；行等之慈，等三世故；行無諍慈，無所起故；行不二慈，內外不合故；行不壞慈，畢竟盡故；行堅固慈，心無毀故；行清淨慈，諸法性淨故；行無邊慈，如虛空故；行阿羅漢慈，破結賊故；行菩薩慈，安眾生故；行如來慈，得如相故；行佛之慈，覺眾生故；行自然慈，無因得故；行菩提慈，等一味故；行無等慈，斷諸愛故；行大悲慈，導以大乘故；行無厭慈，觀空無我故；行法施慈，無遺惜故；行持戒慈，化毀禁故；行忍辱慈，護彼我故；行精進慈，荷負眾生故；行禪定慈，不受味故；行智慧慈，無不知時故；行方便慈，一切示現故；行無隱慈，直心清淨故；行深心慈，無雜行故；行無誑慈，不虛假故；行安樂慈，令得佛樂故。菩薩之慈，為若斯也。」此所說的，就是大慈悲也。

慈悲是佛道的根本，《大智度論》是這麼說的。佛教兩大核心即慈悲與智慧，也就是悲智雙運。可以說，有了慈悲，此娑婆世界，就如「千年暗室，一燈即明」。為此，我提倡推崇慈悲主義。在本人總結的佛教十大核心理念，即慈悲、智慧、忍讓、包容、自省、懺悔、

中道、圓融、和合與共生中，慈悲就被我排在首位。

那麼，如何修得慈悲？我認為，第一，要修佛性觀，即人人有佛性，人人將成佛，慈悲予人，就是慈悲予佛，人佛非異，人佛一體。第二，要修輪回觀，因緣生法，眾生輪回，無始以來，人人互為父母兄弟姐妹，慈悲予眾生，即是慈悲予親屬。第三，要修平等觀，眾生受輪回，皆有生老病死，也都將成佛，不論男女老少，不論貧窮富貴，不論種族宗教，不論處於東西南北，不論屬於古今中外。總之，究其本質，眾生平等，無有分別。我心同人心，我意同人意。我之不欲，勿施於人。吾之樂也，他之樂也。修好佛性觀、輪回觀、平等觀，我們人與人之間便會有同理心與同情心，就會有悲憫心與慈悲心。

慈悲，往往能夠使人起死回生。

有個震撼人心的故事：主題詞——絞刑台，母親，兒子，死亡，慈悲。故事發生於伊朗，一個叫巴拉勒（Balal）的男孩，十七歲時，鬥毆中致死另一名男孩。殺人償命。二十四歲時被拉上絞刑台。他脖子被套上繩索，腳踏凳上，死亡男孩母親及千百人於刑場見證。當劊子手要踢開凳子的一剎那，死亡男孩母親一下衝上絞刑台，制止了劊子手的行動，她將巴拉勒摔一巴掌後，含淚為他解除脖子上的繩索。在絞刑台下的巴拉勒母親及見證者們一下子驚呆了，震驚了。巴拉勒母親一下子爬到死亡男孩母親的跟前，撲通跪下，兩位母親相擁痛哭失聲。死亡男孩母親說：「已經有一位母親失去兒子，日夜悲痛，將心比心，我不能讓另一位母親也失去兒子，悲痛日夜。」

24

不求飛高，但願飛遠

不求飛高，但願飛遠。不求走高，但願走遠。

清晨，薄霧銀紗，籠罩海上，晨曦初露，閃著金光。閑坐留雲亭，展望海空之間，金銀之色交集，如夢如幻。

霞浦之三沙，吾之夢幻之鄉。印象中，有唐詩、宋詞、師長、同學、長堤、海浪、鷗飛、魚潛、帆與禪以及山石之間的留雲洞。

留雲洞，一天然石窟，學生時代就啟蒙著我，為吾打開佛與禪之門。少年的煩惱，少年的夢想，曾經託付於此，隨留雲，或泌入石壁，或融入青煙之嫋嫋。

雲無心而出岫，鳥倦飛而知返。留雲無主，留雲洞來了主人。今天，再次於洞中，如斯聖殿，高傲的頭顱，柔軟的心，屈服的膝蓋，敬畏的眼神，比丘本性，無數次地五體投地，向留雲觀音，向普陀大士，匍伏又匍伏，跪拜又跪拜。不思過往，不慮未來。

走出留雲洞，棲身留雲閣上，幾枚山花順藤無心地開在欄杆，望海，望山，望樹，望島，忘卻瞭望小鎮。望之間，有枚蝴蝶進入視野，飛呀飛呀，似乎，想飛過亭簷，向上而去，不知為何，忽向大海，飛著飛著，了無蹤跡。

留雲閣於半山，從閣上下來，吾循亂草縱橫的山間小徑隨意而行，中途，有分支小道，一可登山頂，另可往山間平地。山頂不高，平地很遠。山頂，看得很遠很闊，雖然，無需登之很久。平地，視野則受遠山遠樹阻蔽，且要走得很久。

我總以為，看闊看遠，不如走闊走遠。前者，只是思想境界，而後者，卻是實實在在的身心體驗。

為此，吾——

不求走高，但願走遠。不求飛高，但願飛遠。

25

再承聖法脈，愧我一能無

慈航禪師出生於福建建寧，出家於泰寧，於廈門南普陀寺學從太虛法師，於馬來西亞檳城極樂寺，接法於圓瑛禪師。曾於緬甸修學南傳佛教，後棲止寶島臺灣汐止彌勒內院。一生教書育僧，著書弘法。禪師預知時至，圓寂後成就肉身不壞，為寶島臺灣首尊肉身金剛舍利，人稱慈航菩薩。

慈航禪師座下高足尤其學生眾多。生前曾遺囑委託白聖法師代付圓瑛法師法脈予自立、印海、嚴持、妙峰、常證、會性、真性等七位禪師。自立禪師長時追隨慈航禪師，直至慈航禪師圓寂。後弘法菲律賓，住持馬尼拉隱秀寺，傳承弘揚慈航菩薩三大辦教理念，著作等身、領袖菲島。

慈航禪師生前，十分牽念福建尤其泰寧與建寧的佛教事業，他曾有心願：「回福建家鄉實行小乘戒、大乘行，從鄉村做起。」「回家鄉覓一個五百或千戶的鄉村，傳戒號召初出家的青年。訓練『嚴以治亡，慈以化眾』的精神，人數多少不拘，但須志同道合。」禪師還說：「我在南洋弘法十七年，學校報社，皆付託有人，本願徑回閩北建寺，為桑梓附近三縣，傳佈佛法，將來造成一個佛教區域，為改良中國佛教的基地。此次來臺灣，不過因利乘便，作一橋樑耳，豈可稍遇折難即變初心。」為完成慈航禪師心願，不慧本性，數載之前，發願重興泰寧慶雲禪寺，並迎請慈航禪師肉身聖像分身從臺灣回歸福建泰寧慶雲禪寺祖庭。感恩諸佛菩薩加持，慈航禪師的感應，終得如願以償。二〇〇七年，禪師分身回歸祖庭，而今，原為一片荒地的慶雲禪寺也初具規模。今年初一，有數

2007年慈航菩薩聖像回歸祖庭於泰寧安奉儀式

慶雲寺

百部汽車載人前往寺院燒香朝聖，這讓我想起在重興慶雲禪寺與祖師分身回歸祖庭等殊勝事宜中，許多高僧大德、仁翁善長、法師居士等的關心支持與鼓勵，如淨良法師、寬裕法師、真華法師、清霖法師、印海法師、浩霖法師等。尤其自立法師，作為慈航禪師上首法脈傳人，為使慈航禪師法脈傳承且繁榮，且於慈航禪師桑梓之地，圓滿慈航禪師心願，二〇〇九年一月三十一日，於其八十一歲壽誕之日，於馬尼拉隱秀寺，在寶島臺灣汐止彌勒內院監院法成法師、菲律賓馬尼拉普陀寺監院光智法師、菲律賓馬尼拉隱秀寺監院法淨法師、法蓮法師及眾居士見證下方便傳法，代為傳授慈航禪師法脈予比丘本性，授予比丘本性為佛教禪門曹洞宗第四十八代法脈傳人。當法師將代表正法眼藏、涅槃妙心、傳法信物的一串蜜蠟朝珠，用顫巍巍的手，親自為我掛到頸上時，大家鼓掌祝賀，我感受到了長輩的厚重期望以及作為慈航禪師法脈傳人的重大責任與使命。諸法因緣生，在此，我也感恩法成法師與法淨法師、法蓮法師的穿針引線、熱心促成。法成法師還因此於百忙中從寶島臺灣彌勒內院特地趕到菲律賓馬尼拉隱秀寺。我也因此，更感恩臺灣汐止彌勒內院寬裕法師的鼓勵與支持。嗣法慈航禪師當日，自立法師還安排本人於隱秀寺作佛學講座，我以《佛教五心》為題，與大家探討慚愧心、敬畏心、感恩心、堅信心、大願心等的殊勝。我雖講的不好，但法師卻給予了讚歎。

有日，自立法師於馬尼拉香格里拉大酒店為本人設歡送宴，談到慈航禪師，老人家甚是動容，談到佛教後續無人，亦甚是感慨。老人家希望我能於福建尤其慈航禪師桑梓之地傳承慈航禪師法脈，弘揚其三大辨教理念，談到慈航禪師曾經有心願要回家鄉傳戒弘法，卻終未能，老人家談著談著，突然沉默無語，一度哽咽。我想，這也是自立法師會代替慈航禪師傳法予既魯鈍又薄德的比丘本性之因緣吧。如此因緣，相信，慈航禪師定然早就有了安排，並於常寂光中歡喜此宗傳法公案，給予加持了。想當年，為續圓瑛法師法脈，慈航禪師遺囑白聖法師代傳圓瑛法師法脈予自立法師等七人，而今，自立法師又代傳慈航禪師法脈予不慧本性，佛法因緣，真是多麼不可思議呀！

記得一九九六年的農曆正月十一日，恩法明暘禪師的壽誕，於上海圓明講堂，在高僧大德、四眾弟子的見證下，恩師明暘禪師傳法不慧本性，授予本人為佛教禪門臨濟宗第四十二代、曹洞宗第四十八代法脈傳人之一，亦授予朝珠等傳法之信物。其實，慈航禪師與明暘禪師為法兄弟，同嗣法於圓瑛法師。當年，上海靜安寺佛學院的《學僧天地》就載：「圓瑛老法師今春赴南洋弘法消息，曾志本刊。近在檳城極樂寺傳授千佛大戒，頗極一時之盛，戒期於佛誕日圓滿，是日將衣缽付與慈航法師，並舉行盛大付法典禮云。」明暘禪師為不慧本性傳法恩師，慈航禪師原本為不慧本性之師伯。而今，因緣使不慧本性有幸兼得兩大禪僧傳授同一法脈，得到同時加持，兩大禪僧，今則同為吾之傳法恩師了，真是無上的光榮。

「眾生慧命，繫汝一人，汝若不為，罪在汝身。」而今，再承聖法脈，愧我一能無。祈願兩位傳法恩師：慈航禪師與明暘禪師，給不慧本性，持久之加持力，吾願：將此深心奉塵剎，是則名為報佛恩。

26

一千零一場焰口

佛教講因緣，緣生緣滅，緣聚緣散。緣的生聚，則人事生成，緣的滅散，則人事滅空。一九九八年，緣生緣聚，本人應邀入住開元，接任監院之職，擔下復興開元的重任。「子在川上曰：逝者如斯夫，不捨晝夜。」《論語》如是說。是呀，歲月如江河。一晃，即將二〇一八年，我之常住開元，也已近二十年。

這二十年，開元從原來的沒有山門，到今天有了兩個山門：即內山門與外山門；從沒有一個合法登記的機構，到今天有了六個，即開元寺、研究所、研究會、基金會、泰國中心、美國中心。

隨我入住開元的幾位法師，當年是青絲，而今，則白髮。這讓我感慨：人生之短，沒有多少時間讓我們成就事業與積累功德！

回想這二十年的開元人生，能感動我自己的事，只有兩件：一是發起組織慈航菩薩聖像

分身從臺灣回歸福建祖庭，傳續聖僧法脈與精神，讓凡夫在暗夜可以看到聖者的星火明燈；另者就是施放一千零一場焰口。當時，寺院的自媒體是這樣說的：「為懺悔諸業障，消災保平安，滅除諸冤債，超度諸先亡，本寺誓願一千零一場瑜伽焰口連續施放，一千零一場焰口法會連續舉辦。」該一千零一場焰口，自農曆二〇〇六年六月十九觀音誕開始施放，連續三年，每天傍晚舉行，於二〇〇九年四月九日圓滿。

為何要施放一千零一場焰口？這源於三位前輩的德行感召。在我入住開元前，開元已有僧團，遺憾的是，由於

歷史原因，六和方面做得不夠，而且在信眾方面，也是各為其師，結果是，堂堂的大唐皇家古寺、閩王護國名剎，四分五裂，破敗不堪。

開元寺始建於南北朝，曾經為東南甲剎，雄冠八閩。而至明末，尤其清初，或寺或僧，一派凋零，令人痛惜。因果因果，有果必有因。我想，從古及今，開元及周邊，定有業障未除、冤魂未度。因此，遂發願發起焰口法會，以期清淨寺院與周邊社區，救度度脫三惡道之一切困苦愚癡眾生。

一九四〇年，聖僧寶松和尚閉關圓滿。當時，抗日戰爭正艱苦進行中。目睹中華民族之抗日將士不斷捐軀，國土淪陷，生靈塗炭，寶松和尚遂發願啟建千場焰口，超度罹難抗日將士忠魂，並期消弭國難。一九六二年，為抗議美蘇大搞核競賽，消弭核戰爭，挽救世界之毀滅，拯救人類之大劫，寶松和尚又組織七天和平祈福法會，於最後圓滿日率徒廣稀一同捨身自焚，驚天動地，以警世人，並遺囑弟子，要戒殺，要放生。

寶松和尚塑像

我以為，寶松和尚的施放千場焰口與捨身自焚以呼籲和平，其事雖二，但思想與精神卻是一，兩者是出於同一信念與願力，是一脈相承、一脈相通的。

一九四四年，聖僧慈航菩薩駐錫新加坡之靈峰菩提學院，閉關閱藏三年。期間，每日講課，並施放焰口，據傳，凡千場。

現代禪門泰斗本煥法師，據淨慧大和尚說，改革開放後，本煥法師曾施放焰口千場，每天一場。當時，有人問法師，「你不辛苦嗎？」法師說：「辛苦呀，有時我磕頭拜下去，頭暈了都起不來，但我這幾十年來，有這麼多的孽緣，不順的因緣，這是由於我結的善緣太少，結的善緣不夠，為此，我要廣結善緣，這些孤魂野鬼跟我結了緣以後，他們就得道超生了，將來都是我的助緣，都是我的順緣。」

以上三位前輩，與我的緣分頗深。寶松和尚曾為開元方丈，中興開元，為開元鐵佛貼金，創佛教醫院。吾今，有幸住持開元，再次為鐵佛貼金，並傳承其遺風，以佛醫治病救人，續辦佛教門診。慈航菩薩與吾恩師明暘禪師為法兄弟，吾有幸為其剃度出家寺院泰寧慶雲寺之住持，十年來，一直致力該寺的復興。本煥法師為吾授戒恩師，吾曾於聖僧惠能祖師祖庭廣東韶關南華寺受三壇大戒，得戒於法師。三位前輩施放千場焰口的悲心願力，讓我感動！

為此，有了開元連續施放焰口一千零一場的救度之舉。

由於想到三位前輩都是施放焰口千場，因此，吾也決定組織施放千場，但因擔心其中某場施放，或心有走神，影響功德力，影響感應力，便加了一場，成為一千零一場。

一千零一場瑜伽焰口連續施放，一千零一場焰口法會連續舉辦。期間及之後，開元及周邊甚是平安、祥和，寺中，久前被雷擊而枯的荔枝樹，忽然老幹茁新枝，萌發了新芽，今已成長為茁壯的大樹。枯木前頭長出了靈芝。開元所在，今叫芝山，曾名靈芝山，因會長靈芝也，此前，已上百年不長了。靈源閣旁，平地之上，竟然開始老出現一小片潮濕之地，寺眾好奇之下，一挖下去，不料是口古井，為宋之蘇公井也。尤其是，吾竟多次夢及有小金人從鐵佛殿後的小井出入。當時，不知是何寓示，只好讓石匠鑿個井圈套在其上，旁刻數字曰：「住

山本性，夜夢金人，井中出入。」說到小金人井中出入，讓吾想到閩王王審知，他夜夢天宇裂開，有大佛端坐其中，金光燦燦，此即福州開元寺特大型貼金鐵佛鑄造的緣起及形象來源。王審知夢的是大金佛，而吾夢的只是小金人，可見，古今二人，格局與境界，非一也。慚愧，慚愧！

地藏菩薩有願：「地獄不空，誓不成佛，眾生度盡，方證菩提。」吾等亦應如斯也，惡道眾生未度，焰口法會不止。

行文及此，窗外，開元第十三屆水陸空法會的七大士焰口施放正在進行中，十二召請的悲切唱誦之聲不斷傳來。

願諸三惡道，離苦悉得樂！

27

留雲不肯去，只為觀音來

「朔發九都山，望抵三沙澨。」留雲寺所在的三沙鎮是福建霞浦重鎮，古稱「三獅」，人文薈萃，臺緣深厚。留雲寺前的沿海一線，臺胞謂之福建墾丁，與臺灣著名的墾丁公園具有十分相近的沿海風貌特點。寺之所在，山水相契，怪石雄奇，島嶼棋布，古意猶然。

「行行萬里程，雲海渺無際」。距浙江普陀山千里之外的三沙留雲寺，是東南沿海又一處遠近聞名的觀音道場，擁有深厚的南國觀音文化傳統，有「中國小普陀」之稱。「幻裡尚求真，水月鏡花空

色相」，留雲寺中猶以觀音造像居多，無論是男相的千手觀音、形貌各異的三十三相觀音還是江南地區盛行的水月觀音，無一不精美莊嚴，令人生歎。寺有天然一洞，雲入不出，故曰留雲洞，洞中供有大型古觀音像，頗為靈驗。

「此地盛人文，匪獨魚鹽貴。」剛一入寺，無處不在的石刻造像便將留雲禪寺濃厚的人文底蘊，欣然展示了出來。走入留雲禪寺，舉目盡是高僧大德禪機。一個「福」，一字「禪」，一句「佛手婆心」，一聲「海東勝地」，兩岸文人雅士，萬分心意，盡在此處。留雲寺的摩崖造像的規模在閩東地區是首屈一指，遍佈山寺之中。在東南沿海，亦為鮮見。如今，尚在徵集名言佳句，以成墨寶，以光禪寺。

「三獅浮青黛，八澳凝煙翠。」霞浦縣位於閩東，海岸線綿長，是國際著名灘塗攝影勝地，尤以三沙為佳景。三沙留雲禪寺背靠東壁山麓，面向東海之濱；遠看籠罩在一片翠綠蔥蘢的相思樹林中，間有高聳低臥的磐石點染，洞壑玲瓏，曲徑通幽，宛如幅巨大的立體水墨畫。濱海遠眺，萬頃碧波，帆影片片，四礵列島像璀璨的明珠顯耀於汪洋之中，一片濱海風光。

「佳景信怡情，須爾忘勞瘁。」三沙是全國沿海觀落日的著名勝地。留雲寺寺閣依山岩而建，是觀賞落日的最佳處所之一，總能看到諸多遊客在寺中靜靜等待落日灑下餘暉的那一刻。藍天、白雲、歸鳥，以及觀賞落日的遊客本身，所有的一切都伴隨著那漸漸西下的日光，平靜而美麗。霞浦特殊的灘塗景觀也在這一刻向眾人揭開神秘的面紗。禪寺與周遭的一切，在這一刻都變得祥和、微妙。

28

從靜心到淨心

《六韜》曰：「秋道斂，萬物盈。冬道藏，萬物靜。」有關靜的詞很美：恬靜、寂靜、靜謐、靜默。

有關靜的句很美：陸遊說，茅簷人靜；東晉支遁說，清和肅穆，莫不靜暢；《鄭風》說，琴瑟在御，莫不靜好。

靜，給人的感覺就是淡泊，閒雅，安寧。

為此，靜，既是一種生活態度，又是一種養生方法，還是一種思想境界，更是信仰。能明志，可致遠。

中唐時期，有宰相令狐楚，於綿山辦「靜林書院」，留句：「山靜松聲遠，秋清泉氣香。」

而宋代唐庚，在《醉眠》中則說：「山靜似太古，日長如小年，餘花猶可醉，好鳥不妨眠。」

為此，吾好靜也。

但說實在，吾更好淨！

同樣，有關淨的詞和句，也很美，甚至更美。

有關淨的詞如：清淨、素淨、潔淨、純淨、明淨。

有關淨的句如：吳均《與朱元思書》的「風煙俱淨」，周敦頤《愛蓮說》的「亭亭淨植」，蕭子良《開物歸信門》的「表裡俱淨」，

周敦頤像
《晚笑堂竹莊畫傳》

尤其惠能禪師的《六祖壇經》說：「何期自性，本自清淨；何期自性，本不生滅；何期自性，本自具足；何期自性，本無動搖；何期自性，能生萬法。」在這，清淨就是自性。

為此，《楞嚴經》才會說：「淨極光通達，寂照含虛空。」記得，道家也說：人能常清靜，天地悉皆歸。

從上可見，靜與淨的內容及本質，還是有差別的。靜，觸及的是身心、思想，而淨，觸及的是心靈、靈魂。靜，觸及的是心的表層，而淨，觸及的是靈的深處。

有人說，道家主靜，佛家主淨，似乎頗有見地。作為佛教徒，修靜之外，更應修淨！

從靜到淨，從靜心到淨心，吾道行也。

29

從心靈非暴力到全球倫理構建

非暴力，即拒絕使用暴力。

非暴力，是佛教哲學的精髓，也與印度教的哲學有異曲同工之妙。為什麼要非暴力，根本原因在於：眾生都有佛性，都將成佛，都是平等；眾生都會輪回，都是親人，都共命運。因此，要將心比心，推己及人，己之不欲，勿加於人，要無緣大慈，同體大悲，大慈天下樂，大悲天下苦。

中國人常講：修身、齊家、治國、平天下！

非暴力首先是修身與齊家的妙法。此外，非暴力理念亦被成功地應用到了政治與社會運動中，即成了治國與平天下的一劑妙方。比如：聖雄甘地領導的不合作運動，以此爭取印度獨立；為爭取非裔美國公民的權利，馬丁・路德・金領導的人權運動；乃至後來的南非曼德拉與緬甸翁山蘇姬所領導的非暴力抵抗運動。

非暴力之妙在於心靈非暴力。

那麼，如何才能做到或達到非暴力呢？人類有七情六欲，有喜怒哀樂，按佛教說，人類有貪嗔癡慢疑等。有了這些，可以想像，人類的情感或情緒便是無常的，不可控制的。因此，暴力之於人類是不可避免的。

當然，有一例外，當人類的貪嗔癡慢疑等被降低到最小限度時，那樣，暴力發生的可能性也就被降到了最低。也就是，當人類被純淨與淨化時，或者說，處於純淨與淨化時，暴力就會自覺地停止，因為，沒有了暴力的源泉。

何為佛教？經典這樣回答：諸惡莫作，眾善奉行，自淨其意，是為佛教！這自淨其意，講的就是人類的純淨淨化也。

純淨淨化是精神、思想、倫理、道德範疇，總之，是心靈範疇，而非物質的。至此，答案出來了，非暴力，從心靈的淨化純淨而來，淨化純淨的心靈才是實現非暴力的釜底抽薪之法，才是實現非暴力的根本，或者說，心靈的淨化與純淨就是心靈非暴力。非暴力，要從心靈著手，要徹徹底底地非暴力，就要心靈非暴力。

在佛教，諸佛菩薩都是心靈非暴力的典範與象徵。學佛，就要學心靈非暴力！

今天，世界是個全球化的世界，但是，世界又是一個區域化的世界。個人與群體、局部與全域、區域與世界，既趨於融合又激烈地衝突。政治、經濟、軍事、文明等等，各國有各國說法做法，各執一詞，莫衷一是。由此，文明紛爭、經濟糾紛、政治分歧、國界衝突。在這些不和諧與不和平中，我以為，文明紛爭是最根本的，因為，人類的一切眼耳鼻舌身意活動皆源於心靈活動，文明是心靈活動的縮影。有什麼樣的文明才會產生什麼樣的政治、經濟、軍事等。因此，要熄滅紛爭，首先要減少文明分歧。美國有美國文明，中國有中國文明，中東有中東文明，西歐有西歐文明，葉門與梵蒂岡雖小，其文明卻也大不相同。因此，需要釐清世界的文明共性，需要構建共同倫理，需要四海之內皆兄弟，天下為公；天下歸一，天下大同。為此，各國家、各民族、各文明、各宗教要對話、要互鑒，要找出共同點、共鳴點，然後共識、共生。這些人類文明的共同點與共鳴點，這些有益促進人類凝結共識與捍衛共生的文明，便是我們共建全球倫理的基石。

而什麼是人類文明的共同點與共鳴點？什麼是人類共識與共生的源泉？回到開頭，我以為，只有非暴力，心靈非暴力，從身體到靈魂，皆徹徹底底地擯棄暴力，熄滅暴力。

前面說，非暴力源於心靈非暴力，心靈非暴力源於心靈的淨化與純淨，那麼，如何使心靈淨化與純淨呢？東方文明尤其佛教文明與印度教文明，為此提供了一種方法，在佛教中，禪修之道便是秘訣之一，尤其中華禪道。

中華禪道，以巴利語系佛教禪法為基礎，吸收了藏語系佛教禪法的優勢，形成了以漢語系佛教禪法為主體的既大包容又獨具特色的新禪法。可以說，中華禪是承先啟後、繼往開來，既繼承又創新，既堅守又融通的氣勢恢宏的東方大文明大智慧。同時，亦是佛教禪宗、密宗、天台宗與淨土宗的有機結合，是此四者的大融合、大提煉、大精髓！

總之，從心靈非暴力到全球倫理之構建，中華禪道是眾多方法與措施之一。弘揚中華禪道，可讓人心淨化與純淨，即心靈非暴力。

30

故鄉佛教聖跡漫談

閩東霞浦，古為福寧府，又叫長溪縣，乃「海濱鄒魯」「魚米之鄉」，現以灘塗攝影著名世界。霞浦，又是閩東佛教的重鎮，古剎遍佈，高僧輩出。

霞浦高僧，代表性如靈祐禪師，剃度出家於霞浦城關建善寺，為中國禪門為仰宗創始人。日本佛教真言宗創始人空海法師入唐時登陸地即為霞浦赤岸，於此，現有日方捐建的空海紀念堂。

霞浦佛教，聖跡頗多，就以修行成就者駐錫寺為例——

霞浦玉山七佛城聖跡：這裡有「七子修煉，

同日飛升」奇跡發生。唐朝時，七學子進京趕考落榜，看破紅塵，於水門玉山頂上圍城造寺，一心修行，後來，七子同日飛升，獲得成就。現入寺，有「同日飛升」之石刻，又刻「玉山靈跡，玉峰聳翠」。玉山之高，逾千米也。記得，年輕時，攀登過，滿山山花爛漫，立在峰頂，雲裡霧裡的。

霞浦南峰山雙世墓聖跡：「雙世同墳傳千世，一峰獨秀攬峰群」。在南峰山之南峰寺，有此聯語。話說，南宋時，南峰寺一小和尚，法號淨修，俗名黃谷裕，一日上街，路遇知縣出巡，前呼後擁，很是羨慕，回來後，悶悶不樂。不久，小和尚夭折。老和尚將小和尚左手小指砍下，置一木盒中，以石灰等存於盒內，加以密封並註上日期，密存。時間匆匆，二十年後，又一新任知縣到來。他從霞浦縣城南街出發，頓覺街道似曾相識，一路走去，對南峰山，更是如此。進入南峰寺，似有特別神秘力量牽引著他走向一間緊鎖的小房子，入得裡面，見一陳舊木盒，讓人打開，見一隻小指頭置於石灰上，而他自己，左手正缺一個小指頭。這新任霞浦知縣馬上頓悟了，明白了什麼！便讓跟班回衙，而自己就留在了寺院，剃度出家，法名淨修，九十三歲往生後，與小和尚同墳入葬，後世稱之「雙世墓」。民國時期，霞浦縣長劉以藏訪雙世墓，感慨題詩曰：「為難富貴等浮雲，載道鳴騶心似焚。衣缽不傳名利客，涅槃便擬宰官墳。禪房由指前身證，覺岸回頭妙道聞。重予書丹存舊跡，未知居士意何云。」

霞浦西關真如寺存真肉身菩薩：唐代存真和尚，結廬霞浦罡溪嶺下，圓寂後，肉身不壞，供奉於真如寺。「文革」中被毀。存真禪師生前修藥師法門，慈悲濟世，治病救人。每年農曆六月初一為存真禪師誕辰，真如寺海眾雲集。

清代《粵閩巡視紀略》載：「松山港，昔時風濤險惡，歲患溺舟，其後流沙漸合，始成通港。山之南有清潭寺，隋開皇梵僧闍那崛多建。」《三山志》也說：「清潭寺……有松山，又十里，有潭淵然……隋開皇三年，梵僧闍那崛多曰：『此龍之變也，宜峻佛祠以鎮之。』後十年乃建寺，潭波貼妥。耆艾目曰『清潭』，當時沙門，若溈山靈祐、靈雲志勤等十七人，皆出於此，隋唐之世，真修梵境，他所莫擬，潭上有洞，林巒可愛。」乾隆《福寧州志》說：「清潭寺，隋開皇二年建，明萬曆十七年，僧清悟重修。」可見，清潭寺是隋朝古剎，由印度著名三藏法師闍那崛多倡建。這位三藏法師，北印度犍陀羅國人，童真入道，到中國後，著重於譯經弘法。隋朝建立後，應隋文帝之請，於長安大興善寺主持譯經，史稱「闍那崛多譯場」。譯作如《添品妙法蓮華經》《佛本行集經》等三十七部一百七十六卷。後因宮廷爭鬥牽連，入閩，流連長溪即霞浦也。

慚愧本性，出生霞浦，與霞浦的佛教之緣甚為深厚。吾外婆世居霞浦松山，小時候，吾經常居於外婆家中。因對大海的天然喜愛，不時到海邊玩樂。因擔憂不安全，外婆時常嚇唬吾：「小孩子亂跑海邊，海神不高興了，大海會生赤潮，龍潭會興雷雨。」當時，赤潮與雷雨都是被大人宣揚的令吾害怕的自然現象。剃度於霞浦城關建善寺，修持於霞浦松山清潭寺的靈祐禪師，直接促進了吾之出家為僧，侍奉佛陀。當時，靈祐禪師與空海和尚，是吾最崇拜的兩位與霞浦有緣的人物，吾定位之聖賢，誓願以之為此生模範。不料，出家二十年後，吾住持福州開元寺，斯寺也竟然是空海和尚的入唐第二站駐錫地。

霞浦三中即三沙中學，是吾母校，一九八一年從此高中畢業。以前讀書時，常往三沙留雲寺，寺也叫留雲洞，還叫石厝。高考前，對考試心裡沒底，也到留雲洞祈求觀音菩薩加持，因為，我聽說留雲洞的觀音菩薩有求必應，很是靈驗。不過，吾還是未考上，名落孫山，這說明，觀音菩薩知吾宿緣也，不是狀元緣，而是和尚緣也，不可選仕，只可選佛。也不料，吾南京棲霞山佛學院、北京中國佛學院、可倫坡凱拉尼亞大學研究生院相繼學修完成後，應留雲寺慈悲的老住持題聞法師之請，竟然兼任了該寺之住持，直至如今。真是因緣際會，因緣不可思議也。

簡約人生 禪韻無窮/禪和尚本性著. -- 初版. --
高雄市：上趣創意延展有限公司, 2020.11
面； 公分. -- (本性相見歡系列；1)
ISBN 978-986-91880-5-0 (平裝)

1.佛教修持

225.87 109016780

本性相見歡系列 | 01

簡約人生，禪韻無窮

作者 禪和尚 本性
總策畫 佛圖網（www.photobuddha.net）
藝術總監 忞雄
主編 上趣智業（www.summit.cc）
周燕
美術編輯 陳育仙
發行人 李宜君
出版 上趣創意延展有限公司
地址 （80457）高雄市鼓山區中華一路316-2號6樓
電話 （07）3492256
網址 www.summit.cc
郵撥帳號 42321918上趣創意延展有限公司
總經銷 紅螞蟻圖書有限公司
地址 （114）台北市內湖區舊宗路二段121巷19號
電話 （02）2795-3656
傳真 （02）2795-4100
印刷 成陽印刷股份有限公司
出版日期 2021年1月初版一刷
定價 200元
ISBN 978-986-91880-5-0